中华人民共和国
突发事件应对法
注释本

李凌云 编著

法律出版社
·北京·

图书在版编目（CIP）数据

中华人民共和国突发事件应对法注释本／李凌云编著． -- 北京：法律出版社，2024． -- （法律单行本注释本系列）． -- ISBN 978 - 7 - 5197 - 9210 - 7

Ⅰ．D922.145

中国国家版本馆 CIP 数据核字第 2024FS7109 号

中华人民共和国突发事件应对法注释本
ZHONGHUA RENMIN GONGHEGUO
TUFA SHIJIAN YINGDUIFA ZHUSHIBEN

李凌云 编著

责任编辑 李　群　王　睿
装帧设计 李　瞻

出版发行 法律出版社	开本 850 毫米×1168 毫米 1/32
编辑统筹 法规出版分社	印张 6　　字数 133 千
责任校对 张红蕊	版本 2024 年 7 月第 1 版
责任印制 耿润瑜	印次 2024 年 7 月第 1 次印刷
经　　销 新华书店	印刷 保定市中画美凯印刷有限公司

地址：北京市丰台区莲花池西里 7 号（100073）
网址：www.lawpress.com.cn　　　　　　销售电话：010 - 83938349
投稿邮箱：info@ lawpress.com.cn　　　　客服电话：010 - 83938350
举报盗版邮箱：jbwq@ lawpress.com.cn　　咨询电话：010 - 63939796
版权所有·侵权必究

书号：ISBN 978 - 7 - 5197 - 9210 - 7　　　　定价：20.00 元
凡购买本社图书，如有印装错误，我社负责退换。电话：010 - 83938349

编辑出版说明

现代社会是法治社会,社会发展离不开法治护航,百姓福祉少不了法律保障。遇到问题依法解决,已经成为人们处理矛盾、解决纠纷的不二之选。然而,面对纷繁复杂的法律问题,如何精准、高效地找到法律依据,如何完整、准确地理解和运用法律,日益成为人们"学法、用法"的关键所在。

为了帮助读者快速准确地掌握"学法、用法"的本领,我社开创性地推出了"法律单行本注释本系列"丛书,至今已十余年。本丛书历经多次修订完善,现已出版近百个品种,涵盖了社会生活的重要领域,已经成为广大读者学习法律、应用法律之必选图书。

本丛书具有以下特点:

1. 出版机构权威。成立于1954年的法律出版社,是全国首家法律专业出版机构,始终秉承"为人民传播法律"的宗旨,完整记录了中国法治建设发展的全过程,享有"社会科学类全国一级出版社"等荣誉称号,入选"全国百佳图书出版单位"。

2. 编写人员专业。本丛书皆由相关法律领域内的专业人士编写,确保图书内容始终紧跟法治进程,反映最新立法动态,体现条文本义内涵。

3. 法律文本标准。作为专业的法律出版机构,多年来,我社始终使用全国人民代表大会常务委员会公报刊登的法律文本,积淀了丰富的标准法律文本资源,并根据立法进度及时更新相关内容。

4. 条文注解精准。本丛书以立法机关的解读为蓝本,给每个条文提炼出条文主旨,并对重点条文进行注释,使读者能精准掌握立法意图,轻松理解条文内容。

5. 配套附录实用。书末"附录"部分收录的均为重要的相关法律、法规和司法解释,使读者在使用中更为便捷,使全书更为实用。

需要说明的是,本丛书中"适用提要""条文主旨""条文注释"等内容皆是编者为方便读者阅读、理解而编写,不同于国家正式通过、颁布的法律文本,不具有法律效力。本丛书不足之处,恳请读者批评指正。

我们用心打磨本丛书,以期待为法律相关专业的学生释法解疑,致力于为每个公民的合法权益撑起法律的保护伞。

法律出版社法规中心
2024 年 6 月

目　录

《中华人民共和国突发事件应对法》适用提要 …………… 1

中华人民共和国突发事件应对法

第一章　总则………………………………………………… 5
　第一条　【立法目的】……………………………………… 5
　第二条　【突发事件含义、调整范围及法律适用】……… 7
　第三条　【突发事件分类、分级】………………………… 9
　第四条　【党的领导、指导思想、领导体制、治理
　　　　　　体系】…………………………………………… 10
　第五条　【应对工作原则】………………………………… 11
　第六条　【社会动员机制】………………………………… 12
　第七条　【信息发布制度】………………………………… 13
　第八条　【新闻采访报道制度】…………………………… 15
　第九条　【投诉、举报制度】……………………………… 16
　第十条　【应对措施合理性原则】………………………… 18
　第十一条　【特殊群体优先保护】………………………… 19
　第十二条　【财产征用与补偿】…………………………… 20
　第十三条　【时效中止、程序中止】……………………… 22
　第十四条　【国际交流与合作】…………………………… 23
　第十五条　【表彰、奖励】………………………………… 24
第二章　管理与指挥体制……………………………………… 24
　第十六条　【管理体制和工作体系】……………………… 24
　第十七条　【突发事件应对管理工作分工】……………… 27

第十八条　【建立协同应对机制】 …………… 29
　　第十九条　【领导机关与应急指挥机构】 ………… 30
　　第二十条　【应急指挥机构依法发布决定、命令、
　　　　　　　措施】 ……………………………………… 32
　　第二十一条　【应对管理职责分工】 ……………… 33
　　第二十二条　【基层人民政府及自治组织的职责】 …… 34
　　第二十三条　【公众参与】 …………………………… 35
　　第二十四条　【武装力量参加突发事件应急救援和
　　　　　　　　处置】 …………………………………… 36
　　第二十五条　【本级人大监督】 ……………………… 37
第三章　预防与应急准备 ……………………………………… 38
　　第二十六条　【突发事件应急预案体系】 …………… 38
　　第二十七条　【应急管理部门指导应急预案建设】 …… 40
　　第二十八条　【应急预案的基本内容与要求】 ……… 42
　　第二十九条　【突发事件应急体系建设规划】 ……… 43
　　第三十条　【国土空间规划符合预防、处置突发事件
　　　　　　　的需要】 …………………………………… 44
　　第三十一条　【应急避难场所的建设和管理】 ……… 46
　　第三十二条　【突发事件风险评估】 ………………… 47
　　第三十三条　【危险源、危险区域的治理职责】 …… 48
　　第三十四条　【及时调解处理矛盾纠纷】 …………… 49
　　第三十五条　【单位安全管理制度】 ………………… 50
　　第三十六条　【高危行业单位预防突发事件的义务】 …… 51
　　第三十七条　【人员密集场所的经营单位或者管理单
　　　　　　　　位的预防义务】 …………………………… 52
　　第三十八条　【培训制度】 …………………………… 53
　　第三十九条　【应急救援队伍建设】 ………………… 54
　　第四十条　【应急救援人员人身保险与职业资格】 …… 56

第四十一条　【军队和民兵组织开展专门训练】……… 57
第四十二条　【应急知识宣传普及和应急演练】……… 58
第四十三条　【学校开展应急知识教育】……………… 59
第四十四条　【经费保障】……………………………… 60
第四十五条　【国家应急物资储备保障】……………… 61
第四十六条　【地方应急物资储备保障】……………… 62
第四十七条　【应急运输保障】………………………… 64
第四十八条　【能源应急保障】………………………… 65
第四十九条　【应急通信保障】………………………… 67
第五十条　　【突发事件卫生应急体系】……………… 68
第五十一条　【急救医疗服务网络】…………………… 68
第五十二条　【社会力量支持】………………………… 69
第五十三条　【红十字会与慈善组织的职责】………… 70
第五十四条　【应急救援资金、物资的管理】………… 71
第五十五条　【国家发展保险事业】…………………… 72
第五十六条　【人才培养和科技赋能】………………… 73
第五十七条　【专家咨询论证制度】…………………… 74

第四章　监测与预警 ……………………………………… 75
第五十八条　【突发事件监测制度】…………………… 75
第五十九条　【统一的突发事件信息系统】…………… 76
第六十条　　【信息收集制度】………………………… 78
第六十一条　【信息报送制度】………………………… 79
第六十二条　【汇总分析突发事件隐患和预警信息】… 81
第六十三条　【突发事件预警制度】…………………… 82
第六十四条　【警报信息发布、报告和通报】………… 83
第六十五条　【预警信息发布要求】…………………… 84
第六十六条　【三级、四级预警的应对措施】………… 85
第六十七条　【一级、二级预警的应对措施】………… 87

第六十八条　【重要商品和服务市场情况监测】……… 88
　　第六十九条　【社会安全事件报告制度】…………… 89
　　第七十条　【预警调整和解除】……………………… 90
第五章　应急处置与救援…………………………………… 91
　　第七十一条　【分级应急响应制度】………………… 91
　　第七十二条　【采取应急处置措施的要求】………… 92
　　第七十三条　【自然灾害、事故灾难或者公共卫生事件的应急处置措施】………………………… 94
　　第七十四条　【社会安全事件的应急处置措施】…… 97
　　第七十五条　【突发事件严重影响国民经济正常运行的应急处置措施】……………………… 98
　　第七十六条　【应急救援征用、协作及帮扶制度】… 100
　　第七十七条　【基层群众性自治组织应急救援职责】… 103
　　第七十八条　【突发事件发生地有关单位的应急救援职责】……………………………………… 104
　　第七十九条　【突发事件发生地公民的义务】……… 106
　　第八十条　【加强城乡社区应急机制和信息功能】… 107
　　第八十一条　【心理健康服务工作】………………… 108
　　第八十二条　【科学规范处置遗体及妥善管理遗物】… 109
　　第八十三条　【信息的提供以及保密】……………… 110
　　第八十四条　【合法收集和保护个人信息】………… 111
　　第八十五条　【个人信息合理使用和处理】………… 112
第六章　事后恢复与重建…………………………………… 114
　　第八十六条　【应急处置措施的停止】……………… 114
　　第八十七条　【损失评估和组织恢复重建】………… 117
　　第八十八条　【支援恢复重建】……………………… 118
　　第八十九条　【善后工作】…………………………… 120
　　第九十条　【公民参加应急工作的权益保障】……… 121

第九十一条　【落实保障政策】 ………………………… 123
　　第九十二条　【查明原因并总结经验教训】 …………… 124
　　第九十三条　【审计监督】 ……………………………… 126
　　第九十四条　【档案管理】 ……………………………… 127
第七章　法律责任 ……………………………………………… 130
　　第九十五条　【政府及有关部门不正确履行法定职责
　　　　　　　　　的法律责任】 …………………………… 130
　　第九十六条　【有关单位的法律责任】 ………………… 133
　　第九十七条　【编造、传播虚假信息的法律责任】 …… 136
　　第九十八条　【违反决定、命令的处理】 ……………… 137
　　第九十九条　【违反个人信息保护规定的责任】 ……… 138
　　第一百条　　【民事责任】 ……………………………… 139
　　第一百零一条　【紧急避险】 …………………………… 140
　　第一百零二条　【行政与刑事责任】 …………………… 141
第八章　附则 …………………………………………………… 142
　　第一百零三条　【紧急状态】 …………………………… 142
　　第一百零四条　【保护管辖】 …………………………… 144
　　第一百零五条　【外国人、无国籍人的属地管辖】 …… 145
　　第一百零六条　【施行时间】 …………………………… 145

附　录

突发公共卫生事件应急条例(2011.1.8修订) ……………… 146
破坏性地震应急条例(2011.1.8修订) ……………………… 157
国家突发公共事件总体应急预案(2006.1.8) ……………… 164
突发事件应急预案管理办法(2024.1.31) ………………… 173

《中华人民共和国突发事件应对法》适用提要

《中华人民共和国突发事件应对法》(以下简称《突发事件应对法》)对于规范突发事件应对活动,预防和减少突发事件的发生,控制、减轻和消除突发事件引起的严重危害,保护人民生命财产安全,维护公共安全和社会稳定,具有十分重要的意义。我国现行《突发事件应对法》于2007年8月30日第十届全国人民代表大会常务委员会第二十九次会议通过,后于2024年6月28日第十四届全国人民代表大会常务委员会第十次会议修订,是一部规范突发事件应对工作原则和预防与应急准备、监测与预警、应急处置与救援、事后恢复与重建等内容的重要法律,能够预防和减少突发事件的发生,有效控制、减轻和消除突发事件引起的严重社会危害,维护国家安全、公共安全、环境安全和社会秩序。

2024年修订对现行《突发事件应对法》的体例结构及条文顺序进行了调整,内容从7章70条增加到8章106条,从理顺突发事件应对工作领导和管理体制、畅通信息报送和发布渠道、完善应急保障制度、加强突发事件应对能力建设、充分发挥社会力量作用和保障社会各主体合法权益等方面作出了规定。

一、理顺突发事件应对工作领导和管理体制

一是坚持中国共产党对突发事件应对工作的领导,建立健全集中统一、高效权威的中国特色突发事件应对工作领导体制。二是国家建立统一指挥、专常兼备、反应灵敏、上下联动的应急管理体制。三是落实深化党和国家机构改革成果,明确县级以上人民政府及应急管理、卫生健康、公安等有关部门在突发事件应对管理工作中的职责。四是明确应急指挥机构可以发布有关突发事件应对的决定、命令、措施等。五是明确乡级人民政府、街道办事处和居民委员会、村民委员会在突发事件应对工作中的职责义务。

二、畅通信息报送和发布渠道

一是建立健全突发事件信息发布和新闻采访报道制度,及时回应社会关切。二是建立网络直报和自动速报制度,提高报告效率,打通信息报告上行渠道。三是加强应急通信系统、应急广播系统建设,确保突发事件应对管理工作的通信、广播安全畅通。四是明确规定不得授意他人迟报、谎报、瞒报,不得阻碍他人报告突发事件信息。

三、完善应急保障制度

一是建立健全应急物资储备保障制度,完善重要应急物资的监管、生产、采购、储备、调拨和紧急配送体系,促进应急产业发展。二是建立健全应急运输保障体系,确保应急物资和人员及时运输。三是建立健全能源应急保障体系,保障受突发事件影响地区的能源供应。四是加强应急避难场所的规划、建设和管理工作。五是建立应急救援物资、生活必需品和应急处置装备的储备制度。六是鼓励公民、法人和其他组织储备基本的应急自救物资和生活必需品。

四、加强突发事件应对能力建设

一是明确国家综合性消防救援队伍是应急救援的综合性常备骨干力量,规定乡村可以建立基层应急救援队伍。二是增设应急救援职业资格,明确相应资格条件。三是鼓励和支持在突发事件应对中依法应用现代技术手段,提高突发事件应对能力。四是建立健全突发事件应急响应制度,科学划分应急响应级别,及时启动应急响应。五是加强重要商品和服务市场情况监测，必要时可以依法采取干预措施。六是进一步完善应急处置措施的规定，增加限制人员流动、封闭管理等措施。

五、充分发挥社会力量作用

一是建立突发事件应对管理工作投诉、举报制度，鼓励人民群众监督政府及部门等不履职行为。二是完善表彰、奖励制度，对在突发事件应对管理工作中作出突出贡献的单位和个人，按照国家有关规定给予表彰、奖励。三是鼓励和支持社会力量建立提供社会化应急救援服务的应急救援队伍。四是建立健全突发事件专家咨询论证制度，发挥专业人员在突发事件应对管理工作中的作用。五是支持、引导红十字会、慈善组织以及志愿服务组织、志愿者等参与应对突发事件。

六、保障社会各主体合法权益

一是突发事件应对工作应当坚持总体国家安全观，坚持人民至上、生命至上。二是关怀特殊群体，优先保护未成年人、老年人、残疾人、孕期和哺乳期的妇女等群体。三是完善突发事件应对过程中的征收征用制度，维护被征收征用人的合法权益。四是关爱受突发事件影响无人照料的无民事行为能力人和限制民事行为能力人，提供及时有效帮助。五是加强心理健康服务体系和人才队伍建设，做好受突发事件影响各类人群的心理援助工作。六是加强个人信息保护，确保突发事件应急处置中获取、使用他人个人信息合法、安全。

中华人民共和国突发事件应对法

(2007年8月30日第十届全国人民代表大会常务委员会第二十九次会议通过 2024年6月28日第十四届全国人民代表大会常务委员会第十次会议修订)

第一章 总 则

第一条 【立法目的】[1]为了预防和减少突发事件的发生,控制、减轻和消除突发事件引起的严重社会危害,提高突发事件预防和应对能力,规范突发事件应对活动,保护人民生命财产安全,维护国家安全、公共安全、生态环境安全和社会秩序,根据宪法,制定本法。

条文注释 [2]

本条是关于立法目的的规定。现代社会已经步入风险社会,许多未知的新型风险因素出现,突发事件应对对象不断变化。各种突发事件不仅对人民生命财产造成严重的损害或威胁,而且会造成社会秩序的混乱。当前,我国应对来自各个领域

---

[1][2] 条文主旨、条文注释为编者所加,下同。——编者注

的突发事件任务仍比较艰巨,党和国家历来高度重视此项工作。本法立法目的具有多元性,"预防和减少突发事件的发生,控制、减轻和消除突发事件引起的严重社会危害,提高突发事件预防和应对能力,规范突发事件应对活动",是一项基本功能、主要任务。制定本法的根本目的,则是"保护人民生命财产安全,维护国家安全、公共安全、生态环境安全和社会秩序"。其中,规范和保护是相互联系、辩证统一的两大目标。通过大力提高应对各类突发事件的预防和处置能力,把保障人民生命财产安全作为重点目标,最大限度地减少突发事件造成的危害。2004年通过的《宪法修正案》将"戒严"修改为"紧急状态",对于完善应急管理法律制度具有重大指导意义,属于本法的重要依据。因而,维护国家安全、公共安全、生态环境安全和社会秩序,促进经济社会全面、协调、可持续发展,成为突发事件应对法治建设的当务之急和立法的根本出发点。

本条规定的"国家安全",是指国家政权、主权、统一和领土完整、人民福祉、经济社会可持续发展和国家其他重大利益相对处于没有危险和不受内外威胁的状态,以及保障持续安全状态的能力。国家安全是中华民族复兴的根基,有利的安全环境是国家兴旺发达、长治久安的依托。"公共安全"是衡量一个国家或地区构成社会安全多个基本方面的综合性指数,包括社会治安、交通安全、生活安全和生产安全等。社会安全与公众切身利益关系密切,是人民安全感的晴雨表,是社会安定的风向标。"生态环境安全"是人类在生产、生活和健康等方面不受生态破坏与环境污染等影响的保障程度,包括饮用水与食物安全、空气质量与绿色环境等基本要素,是经济社会持续健康发展的重要保障。"社会秩序"是社会生活的一种有序化状态,包括社会管理秩序、生产秩序、交通秩序和公共场所秩序等。通过立法将突发事件应对工作的各个环节具体化、规范化,以全面满足维护安全与秩序保障的要求。

关联法规

《宪法》;《国家安全法》第 1 条;《环境保护法》第 1 条;《消防法》第 1 条;《行政处罚法》第 1 条;《突发公共卫生事件应急条例》第 1 条

> **第二条 【突发事件含义、调整范围及法律适用】** 本法所称突发事件,是指突然发生,造成或者可能造成严重社会危害,需要采取应急处置措施予以应对的自然灾害、事故灾难、公共卫生事件和社会安全事件。
>
> 突发事件的预防与应急准备、监测与预警、应急处置与救援、事后恢复与重建等应对活动,适用本法。
>
> 《中华人民共和国传染病防治法》等有关法律对突发公共卫生事件应对作出规定的,适用其规定。有关法律没有规定的,适用本法。

条文注释

本条第 1 款明确了突发事件的含义及分类。突发事件是社会生活的组成部分,"突发事件"一词在现行法律中比较常见,实际是"公共突发事件"一词的简称,与紧急事件、危机事件、公共危机等概念接近。突发事件应对,是政府和社会针对已经发生或者有可能发生的突发事件而采取的各种预防、处置及管理措施的活动总称。本条采取了"概括+列举"相结合的表述方式,将突发事件概括为突然发生、造成或者可能造成严重社会危害,需要采取应急处置措施予以应对的自然灾害、事故灾难、公共卫生事件和社会安全事件。综合来看,突发事件的内涵包含以下核心要素:一是具有明显的公共性或社会性;二是具有突发性和紧迫性;三是具有危害性和破坏性;四是必须借助于公权力的介入和动用社会人力、物力予以解决。对突发事件进行分类的意义在于,在应急管理中明确责任主体,方便专业性、技术性强的突发事件的处置,即以系统的眼光来认识突发事件。2021 年中共中央、国务院印发《法治政府建设实施纲要(2021—2025年)》,要求强化突发事件依法分级分类施策,增强应急处置的针对性实效性。这有利于根据不同种类突发事件特点采取相应措施,增强应急管理的针对性。根据突发事件发生的原因、机理、过程、性质和危害对象,突发事件具体分为以下四类:

(1)自然灾害。2006年《国家自然灾害救助应急预案》规定,自然灾害包含水旱灾害、气象灾害、地震灾害、地质灾害、海洋灾害、生物灾害、森林草原火灾等。

(2)事故灾难。进入21世纪后,由于经济发展所处的特定阶段,生产安全事故频繁发生。根据2006年《国家突发公共事件总体应急预案》的规定,事故灾难主要包括工矿商贸等企业的各类安全事故、交通运输事故、公共设施和设备事故、环境污染和生态破坏事件等。

(3)公共卫生事件。主要包括传染病疫情、群体性不明原因疾病、食品安全和职业危害、动物疫情,以及其他严重影响公众健康和生命安全的事件。根据《突发公共卫生事件应急条例》第2条的规定,公共卫生事件是指突然发生,造成或者可能造成社会公众健康严重损害的重大传染病疫情、群体性不明原因疾病、重大食物和职业中毒以及其他严重影响公众健康的事件。这一事件集中表现为对人类或动物的生命和健康造成危害,其诱因既可能是自然因素,也可能是人为因素。

(4)社会安全事件。主要包括恐怖袭击事件、经济安全事件、涉外突发事件。社会安全事件的诱因是人为因素,且很多情况下的人为因素是出于故意。对社会安全事件的防范与处置不能懈怠和麻痹,须根除事件滋生的土壤。

本条第2款明确了本法的调整范围。突发事件应对是一个动态发展过程,一般包括预防与应急准备、监测与预警、应急处置与救援、事后恢复与重建等环节。本法把应对突发事件的事前、事中、事后的全过程活动纳入调整范围之内,体现了对突发事件演变规律和应对过程的基本认识。预防与应急准备,是做好突发事件应对工作的基础性工作,须立足于"预防为主"的原则,积极做好预防与应急准备工作。监测与预警,是应对突发事件工作的第一道防线,必须遵循"早发现、早报告、早处置"的原则,完善突发事件监测与预警机制,防患于未然。应急处置与救援,是应对突发事件工作的核心环节。当突发事件发生时,履行统一领导职责或者组织处置突发事件的有关部门,应根据法律规范和应急预案的规定,启动相应级别的应急处置程序,包括信息报告、先期处置、应急响应、指挥与协调、应急结束等环节。事后恢复与重建,是突发事件应对的最后阶段,应组织受影响地区尽快恢复生产、生活、工作和社会秩序。本条第3款明晰了本法与《传染病防治法》等有关法律的衔接关系,这是本次修订新增的内容。本法在突发事件应对领域处于基础地位,与《传染病防治法》属于一般法与特别法的关系。

关联法规

《传染病防治法》第1条;《基本医疗卫生与健康促进法》第20条;《突发公共卫生事件应急条例》第2条

第三条 【突发事件分类、分级】 按照社会危害程度、影响范围等因素,突发自然灾害、事故灾难、公共卫生事件分为特别重大、重大、较大和一般四级。法律、行政法规或者国务院另有规定的,从其规定。

突发事件的分级标准由国务院或者国务院确定的部门制定。

条文注释

本条根据突发事件的社会危害程度、影响范围因素,参考严重程度、可控性、行业特点等要素,将突发自然灾害、事故灾难、公共卫生事件分为特别重大、重大、较大和一般四级。法律、行政法规或者国务院另有规定的,从其规定。如此规定,一方面是为了便于实行"分级负责""分级响应"措施的落实;另一方面是为了尊重特殊行业管理的特殊性、专业性、灵活性的工作要求。对突发事件进行分级,有利于有关部门在突发事件即将发生或发生后采取与危害程度相适应的合理、有效的应对措施,积极稳妥地进行处理。

现行有关法律、行政法规和规范性文件,对于突发事件的分级并不完全统一。突发事件分级标准涉及面广,需要考虑的因素复杂,本条授权国务院或者国务院确定的部门制定突发事件的分级标准。

对于突发事件分级须注意以下几点:第一,突发事件的分级标准由国务院或者国务院确定的部门制定;第二,对突发事件分级的统一标准有待进一步明晰化;第三,突发事件处于不断演进过程,分级是动态的;第四,当突发事件情势不够明朗时,分级应遵循"就高不就低"的原则;第五,分级要突出"三敏感"的原则,即对敏感时间、敏感地点和敏感性质的事件定级要从高。

关联法规

《生产安全事故报告和调查处理条例》第3条;《突发公共卫生事件应急条例》第2条;《国家突发公共事件总体应急预案》

第四条　【党的领导、指导思想、领导体制、治理体系】突发事件应对工作坚持中国共产党的领导,坚持以马克思列宁主义、毛泽东思想、邓小平理论、"三个代表"重要思想、科学发展观、习近平新时代中国特色社会主义思想为指导,建立健全集中统一、高效权威的中国特色突发事件应对工作领导体制,完善党委领导、政府负责、部门联动、军地联合、社会协同、公众参与、科技支撑、法治保障的治理体系。

条文注释

党的领导是突发事件应对工作的根本保证。突发事件应对工作须坚持党总揽全局、协调各方的领导核心地位。必须始终以党的旗帜为旗帜、以党的方向为方向、以党的意志为意志,确保应急管理事业沿着正确方向不断前进。各级党委在谋划突发事件管理工作时,通过建立健全党领导应急管理工作的体制,完善各级党委领导工作机制,建立集中统一、高效权威的中国特色突发事件应对工作领导体制,及时解决重点难点问题。

目前建立健全突发事件应急体制的治理要求是:党委领导、政府负责、部门联动、军地联合、社会协同、公众参与、科技支撑、法治保障。既明确了该项工作的基本原则,也明确了突发事件应对的具体职责。坚持党委领导是根本,政府负责是前提,部门联动是关键,军地联合是保障,社会协同是依托,公众参与是基础,科技支撑是手段。法治保障是要把突发事件应对纳入法治轨道,善于运用法治思维与法治方式化解矛盾、破解难题。

关联法规

《宪法》;《立法法》第19条;《国务院组织法》第19条;《行政处罚法》第19条

第五条 【应对工作原则】突发事件应对工作应当坚持总体国家安全观,统筹发展与安全;坚持人民至上、生命至上;坚持依法科学应对,尊重和保障人权;坚持预防为主、预防与应急相结合。

条文注释

在总体国家安全观体系下,国家安全是国家所有国民、所有领域、所有方面、所有层级安全的总和。具体到突发事件应对领域,鉴于新形势下面临的风险和挑战严峻复杂,传统安全和非传统安全风险高度聚集、相互交织,应急处置不当可能催生政治安全风险,影响国家安全,应坚决贯彻落实总体国家安全观,全力防范化解各类突发事件,为全面建设社会主义现代化提供安全稳定环境。本法明确了发生突发事件时公民的权利和义务范畴,最大限度地保护公众的权益,包括受灾群众与救援主体的合法权益,具有明确的人权观念。这要求突发事件应对工作统筹发展与安全,坚持人民至上、生命至上,坚持依法科学应对,尊重和保障人权。

突发事件应对工作的原则是预防为主、预防与应急相结合。所谓"居安思危,思则有备,有备无患",是人类社会应对危机所积累下来的普遍经验。科学、及时、有效地处置突发事件仅是一个管理环节,就全局而言,突发事件的预防工作更重要。做好预防工作,有助于尽早排除突发事件隐患,尽量避免突发事件发生。突发事件应对机制从总体上分为三个阶段:预防准备、事中应对和事后恢复。要把预防为主、预防与应急相结合的原则落实到具体工作中,扎实做好基础准备工作,包括应对突发事件的思想准备、组织准备、预案准备、机制准备和工作准备,做到常备不懈,以防止突发事件的发生、扩大和升级,最大限度地减少可能造成的损失。

关联法规

《国防法》第4条;《安全生产法》第3条;《突发环境事件应急管理办法》第3条

第六条 【社会动员机制】国家建立有效的社会动员机制,组织动员企业事业单位、社会组织、志愿者等各方力量依法有序参与突发事件应对工作,增强全民的公共安全和防范风险的意识,提高全社会的避险救助能力。

条文注释

动员是各级政府调动全社会人力、物力、财力应对特定事件的行为过程。换言之,主要是指政府在突发事件应对中调动非政府资源应对突发事件的行为过程。从动员对象上来划分,可分为应急人力动员、应急物资动员、应急财力动员、应急避难场所动员、应急交通运输动员等。从动员时序上来划分,可分为前期动员、中期动员、后期动员。本条的社会动员机制具有两层含义:一是增强全民的公共安全和防范风险意识的机制建设。公共安全和防范风险意识是危机预警的起点,组织动员有利于提高人们的公共安全和防范风险意识,对于有效防范突发事件的发生非常关键,还可以降低应急管理成本、减少损失、促进政社互动。二是社会成员参与机制,即企业事业单位、社会组织、志愿者等各方力量参与突发事件应对工作,包括信息报告、应急准备、开展自救与互救、协助维护秩序、服从指挥和安排、积极参与应急救援工作等,进而有效提高全社会的避险救助能力。

应急是社会动员的目的,社会动员是应急的手段与方式。处置突发事件,必须借助社会动员才能在较短时间内集中、配置大量的物资、人力与信息资源,在集中民意、民智的基础上提升应急管理体制机制的科学性、有效性,才能使应急管理工作的方针、策略获得公众的理解、支持与配合;还可以通过社会监督、技术手段不断提升应急管理效率。2022年《国务院关于加强数字政府建设的指导意见》提出,构建协同高效的政府数字化履职能力体系……优化完善应急指挥通信网络,全面提升应急监督管理、指挥救援、物资保障、社会动员的数字化、智能化水平。通过开展行之有效的社会动员,将各种力量凝聚起来,形成巨大合力,确保应对处置突发事件更为高效。因而,应急管理需要有效的社会动员机制支撑。

关联法规

《防洪法》第7条;《黄河保护法》第71条;《生成式人工智能服务管理暂行办法》第17条

第七条 【信息发布制度】国家建立健全突发事件信息发布制度。有关人民政府和部门应当及时向社会公布突发事件相关信息和有关突发事件应对的决定、命令、措施等信息。

> 任何单位和个人不得编造、故意传播有关突发事件的虚假信息。有关人民政府和部门发现影响或者可能影响社会稳定、扰乱社会和经济管理秩序的虚假或者不完整信息的,应当及时发布准确的信息予以澄清。

条文注释

本条第1款是行政公开原则对突发事件应对工作的贯彻,可视为应急管理领域的信息公开原则。在风险频发和信息化时代,瞬息万变的信息已成为社会经济发展与社会稳定的重要因素。突发事件的应急信息管理包括事件信息的收集、整理、加工、共享、公布等多个环节。在这些环节之中,应急信息的发布是不可缺少的关键一环。信息越是及早准确地公开,就越能有效及时地进行应对,信息的发布和透明是处理突发事件的关键。本条规定旨在明确有关人民政府和部门及时、准确地发布突发事件信息的职责,保障信息公开是确保行政紧急权力正当行使的基本条件。突发事件信息发布的内容包括以下要素:时间、地点、信息来源、事件起因和性质、基本过程、已造成的后果、影响范围、事件发展趋势、处置情况、拟采取的措施以及下一步工作计划等,其中重点包含有关突发事件应对的决定、命令、措施等信息。有关人民政府和部门及时公布和公开相关信息,在政府与公众之间建立良好的沟通渠道,维护社会稳定,最大限度地避免、消除因突发事件不实报道造成的负面影响,为妥善处置突发事件营造良好的舆论环境。突发事件领域的政府信息应该公开,这有利于突发事件的预测与预防,有利于公众了解有关突发事件真实情况,有助于突发事件应急决策分析。

本条第2款规定了对于突发事件事态发展和应急处置工作,禁止任何单位和个人编造、故意传播虚假信息。保障信息真实,防止应对工作的形势因谣言的产生与传播而恶化。信息发布不仅能满足社会公众知情权的需要,还有助于消除各种流言和谣言,避免出现过度恐怖和引发次生灾害。虚假信息是指经过有意地、无意地扭曲过的消息,或凭空捏造的消息,易造成不良的负面影响。虚假消息并不一定是通过恶意篡改或捏造而得,一些消息本身在传播过程中会无意失真。谣言是具有负外部性的虚假信息,所谓负外部性,即指对不直接参与造谣、传谣的其他人造成不利影响,从社会层面来看,具有负外部性的谣言传播扩散会产生巨大的社会成本,因此要大力治理谣言。特别是人类社会进入互联网时代,信息传播机制发生深刻变革,互联网在塑造信息自由流动空间的同时也加速对突发事件信息的传播,网络信息的匿名性、群发性、再造性和虚拟性等特点,使公众难以在突发事件中及时识别和揭露不实信息,为网络谣言的滋生提供了空间。《政府信息公开条例》第6条第2款规定,行政机关发现影响或者可能影响社会稳定、扰乱社会和经济管理秩序的虚假或者不完整信息的,应当发布准确的政府信息予以澄清。为此,本条第2款要求有关人民政府和部门发现影响或者可能影响社会稳定、扰乱社会和经济管理秩序的虚假或者不完整信息的,应当及时发布准确的信息予以澄清。

关联法规

《政府信息公开条例》第1、6条;《黄河保护法》第71条;《突发公共卫生事件应急条例》第11条;《国家突发事件应急体系建设"十三五"规划》

第八条 【新闻采访报道制度】国家建立健全突发事件新闻采访报道制度。有关人民政府和部门应当做好新闻媒体服务引导工作,支持新闻媒体开展采访报道和舆论监督。

新闻媒体采访报道突发事件应当及时、准确、客观、公正。

新闻媒体应当开展突发事件应对法律法规、预防与应急、自救与互救知识等的公益宣传。

条文注释

本条规定旨在建立健全突发事件信息发布和新闻采访报道制度,要求有关人民政府和部门及时回应社会关切。通过健全突发事件新闻报道机制,有关人民政府和部门第一时间发布权威信息,提高时效性,增加透明度,掌握新闻采访报道工作主动权。加强和把握正确舆论导向,提高新闻发布水平,推进新闻报道工作制度化、规范化和科学化。突发事件的新闻报道坚持条块管理、各负其责、客观准确、公开透明等原则。媒体传播的功能是向公众连续不断地发布和传播有用信息,而新闻采访报道制度为突发事件的报道和信息采集提供保障。

媒体作为影响公众的舆论工具,肩负着社会责任。针对突发事件,新闻媒体采访报道突发事件应当及时、准确、客观、公正。这实际要求新闻媒体从业人员自觉遵守法律规定,恪守新闻职业道德,坚决杜绝失实报道和有偿新闻,认真核实消息来源和报道内容,不拔高、想象和夸大事实,全面理解和正确反映公共生活。新闻媒体作为政府和公众之间的桥梁,应当把握受众需求,开展突发事件应对法律、法规、预防与应急、自救与互救知识等方面的公益宣传,积极有效引导舆论,为及时传递信息、有效应对突发事件发挥作用。

关联法规

《广告法》第 14 条;《爱国主义教育法》第 31 条;《民法典》第 999 条;《新闻记者证管理办法》第 5 条

第九条 【投诉、举报制度】国家建立突发事件应对工作投诉、举报制度,公布统一的投诉、举报方式。

对于不履行或者不正确履行突发事件应对工作职责的行为,任何单位和个人有权向有关人民政府和部门投诉、举报。

接到投诉、举报的人民政府和部门应当依照规定立即组织调查处理,并将调查处理结果以适当方式告知投诉人、举报人;投诉、举报事项不属于其职责的,应当及时移送有关机关处理。

有关人民政府和部门对投诉人、举报人的相关信息应当予以保密,保护投诉人、举报人的合法权益。

条文注释

本条是关于突发事件应对工作投诉、举报制度的规定。《宪法》第41条规定,我国公民对于任何国家机关和国家工作人员,有提出批评和建议的权利;对于任何国家机关和国家工作人员的违法失职行为,有向有关国家机关提出申诉、控告或者检举的权利,但是不得捏造或者歪曲事实进行诬告陷害。对于公民的申诉、控告或者检举,有关国家机关必须查清事实,负责处理。任何人不得压制和打击报复。可见,《宪法》明确了公众对国家机关和国家工作人员的监督权。本条重点是对履行突发事件应对工作职责的有关部门及其工作人员的监督。任何单位和个人有权向人民政府及其有关部门报告突发事件隐患,有权向有关人民政府和部门举报地方人民政府及其有关部门不履行突发事件应急处理职责,或者不按照规定履行职责的情况。接到投诉、举报的有关人民政府及其部门,应立即组织对突发事件隐患、不履行或者不正确履行突发事件应急处理职责的情况进行调查处理。在投诉、举报处理中,有关人民政府和部门需要做好答复、反馈、信息保密、投诉举报人保护等工作。

关联法规

《宪法》第41条;《安全生产法》第54条;《市场监督管理投诉举报处理暂行办法》

第十条 【应对措施合理性原则】突发事件应对措施应当与突发事件可能造成的社会危害的性质、程度和范围相适应;有多种措施可供选择的,应当选择有利于最大程度地保护公民、法人和其他组织权益,且对他人权益损害和生态环境影响较小的措施,并根据情况变化及时调整,做到科学、精准、有效。

条文注释

本条明确规定在采取有关应对措施过程中,要遵循"行政合理性原则"。突发事件应对措施的行使不仅有范围限制,而且还有程度上的约束。本条法律规范的要旨是应急行政权力行使应当坚持比例原则。行政合理性原则又称行政适当原则、比例原则、禁止过度原则,其本质是行政机关采取的措施不得超越《宪法》和法律容许的范围或目的,具体指行政行为在形式合法的前提下应尽可能合理、适当和公正。如果说行政合法性原则旨在维护行政行为的合法性,那么合理性原则则旨在维护行政行为的适当性。合理性原则是基于自由裁量权的存在和自由裁量行为的实施而产生的。由于自由裁量权和自由裁量行为存在给相对人造成损害的可能性,须以行政合理性原则限制行政机关的行为,作为对合法性原则的必要补充。因此,强调合理性原则的目的是进一步坚持行政合法原则。

本法赋予有关部门可以采取的应对措施具有较大自由裁量空间,难免在行政行为中造成相对人损害,故有必要作出合理限制。根据本条规定,应遵循以下要求:一是突发事件应对措施与应急响应紧密关联,不同类型突发事件可能造成的社会危害根据其性质程度和范围,应当由不同级别的有关部门采取不同级别的应急响应措施,这是分级管理的核心内容。二是在一定应急响应级别下,应急主体和应急措施范围具有相对固定性,但在适用应急措施范围的一项或是多项措施时,有关部门有较大的自由裁量权,这要求有多种措施可供选择时,应选择有利于最大限度地保护公民、法人和其他组织权益,且对他人权益损害和生态环境影响较小的措施。三是有关部门根据具体情形,确定应对措施的实施规模与时限。

为科学应对突发事件,有关部门采取的措施、手段不得与所追求的目的之间明显失衡、不成比例,必须坚持最小代价、最小侵害原则。具体来说,在采取突发事件应对措施的过程中,如果有多种手段可供选择,要选择对公众利益损害最小、最有利于保护公众的措施。比例原则一般包含三项内容:适当性、必要性和衡量性。适当性是从应对措施目的的角度所作的要求。这里的目的,既包括行政的一般目的,也包括法律授权的特定目的。首要要求确保应对措施目的的正当性,即考虑作出所要保护的利益是否正当。应对措施的作出不得与目的相悖。如果采取的措施无法实现特定的目的,即使是出于好意,也不符合适当性原则。必要性是从手段上所作的要求。它是指应对措施不能超越实现目的之必要程度,即有多种可供选择的手段可达成目的,须采取对侵害最小的方式进行。衡量性是从手段应按目的加以衡量的角度所作的要求。它是指应对措施造成的损害轻于达成目的所获得的利益,才具有合法性。考虑到突发事件的不确定性,应根据发展变化情况及时调整措施,做到科学、精准、有效。

关联法规

《国家安全法》第66条;《行政处罚法》第5条第2款;《中国民用航空应急管理规定》第4条

第十一条 【特殊群体优先保护】 国家在突发事件应对工作中,应当对未成年人、老年人、残疾人、孕产期和哺乳期的妇女、需要及时就医的伤病人员等群体给予特殊、优先保护。

条文注释

突发事件应对工作中应重视社会各主体合法权益,确保人民群众生命安全和身体健康。其中,未成年人、老年人、残疾人、孕产期和哺乳期的妇女、需要及时就医的伤病人员等特殊群体应被给予优先保护。社会群体的职业、地域、身体素质等条件差别,导致这一类特殊群体处于劣势地位,相较于其他公众可能会受到更为严重的影响与冲击,更需要关注和保障。面临突发事件时,由于社会人力、物力、财力资源的暂时短缺,特殊群体的需求更容易受到影响,各项管理措施应优先保护各类弱势群体的合法权益。法律具有利益平衡功能,本法同样需要对各项权益保障的重要程度与先后次序作出衡量,为突发事件应对提供更好的协调利益机制。在突发事件冲击下,国家制定了一系列针对特殊群体的法律制度、社会保障与救助机制,对资金补助及临时救助、资源分配、医疗救治等予以倾斜,确保特殊群体基本生活的维持和及时得到优先保护。例如,《未成年人保护法》第56条第3款规定:"公共场所发生突发事件时,应当优先救护未成年人。"

关联法规

《民法典》第128条;《未成年人保护法》第56条第3款;《老年人权益保障法》第3条

第十二条 【财产征用与补偿】县级以上人民政府及其部门为应对突发事件的紧急需要,可以征用单位和个人的设备、设施、场地、交通工具等财产。被征用的财产在使用完毕或者突发事件应急处置工作结束后,应当及时返还。财产被征用或者征用后毁损、灭失的,应当给予公平、合理的补偿。

条文注释

本条是关于应对突发事件征用财产与征用补偿的规定。应急征用是行政征用的一种形式。在处置各种突发事件时,行政机关采取一些紧急征用行动,对于公共利益是非常必要的。行政征用是指行政机关出于公共利益的需要,依据法律法规强制性地取得行政相对人财产使用权或劳务并给予经济补偿的一种具体行政行为。《宪法》第 13 条第 3 款规定,国家为了公共利益的需要,可以依照法律规定对公民的私有财产实行征收或者征用并给予补偿。征用不改变财产所有权,不发生财产所有权的转移,它只是为了突发事件应急需要而采取的临时措施。本条关于应对突发事件行政征用的具体行政行为,不包括劳务或劳动力。在法律制度中,本法与《防震减灾法》《传染病防治法》等单行法均规定,征用主体包括有关人民政府、政府有关部门等,征用对象重点包括单位和个人的设备、设施、场地、交通工具等。根据本条规定,应对突发事件的"县级以上人民政府及其部门"是应急征用权限的法定主体。为应对突发事件,县级以上人民政府及其部门是"可以"而非"应当"实施征用,要求作出应急征用决定应满足一定的合理性。

确立征用补偿制度是保障公民财产权的需要。财产被征用或者征用后毁损、灭失的,应当给予公平、合理的补偿,这种征用补偿属于行政补偿。公民、法人、其他组织的财产权受《宪法》和其他有关法律的保护,当被征用的财产在使用完毕或者突发事件应急处置工作结束后,应当及时返还给财产所有人。"财产被征用或者征用后毁损、灭失的,应当给予公平、合理的补偿"包括两层含义:一是被征用的财产毁损、灭失的,会导致被征用财产使用价值的降低或财产所有权的消灭,所以应当给予补偿;二是财产被征用的,虽未造成财产本身的直接损害,但基于利用财产使用价值的事实,也应当给予补偿。这种补偿是按照被征用财物等价或实际损毁的价值,而非可得利益损失的补偿。如果损害是由于第三人或者被征用人自身过错等因素导致,则不适用补偿规则。

关联法规

《宪法》第13条;《传染病防治法》第45条;《民法典》第117条;《国防法》第51条;《刑法》第381条

> **第十三条　【时效中止、程序中止】** 因依法采取突发事件应对措施,致使诉讼、监察调查、行政复议、仲裁、国家赔偿等活动不能正常进行的,适用有关时效中止和程序中止的规定,法律另有规定的除外。

条文注释

时效中止,是指在诉讼时效或相关司法活动的期间内,因不可抗力或者其他障碍不能行使请求权的,诉讼时效中止。从中止时效的原因消除之日起,诉讼时效期间继续计算。时效中止事由有两类:一是不可抗力,二是其他障碍。因采取突发事件应对措施而导致诉讼、监察调查、行政复议、仲裁、国家赔偿等活动不能正常进行的,属于时效中止事由的"其他障碍"。突发事件中属于不可抗力的情形导致时效中止的,按照有关法律规定处理。关于时效中止的一般情形,在诉讼、监察调查、行政复议、仲裁、国家赔偿等领域均有相关规定。《国家赔偿法》第39条第1款规定:"赔偿请求人在赔偿请求时效的最后六个月内,因不可抗力或者其他障碍不能行使请求权的,时效中止。从中止时效的原因消除之日起,赔偿请求时效期间继续计算。"程序中止是暂时地停止了程序进行,不意味着程序的彻底结束。在中止期间程序处于暂停状态,等待突发事件应对措施解除等特定条件的满足后恢复进行。此外,对采取突发事件应对措施是否构成时效中止和程序中止的法定事由,或对因采取突发事件应对措施导致这类活动不能正常进行,是否适用有关时效中止和程序中止的规定,其他法律另有规定的,从其规定。

关联法规

《民法典》第188条;《行政复议法》第31条;《行政诉讼法》

第 46 条;《国家赔偿法》第 39 条

第十四条 【国际交流与合作】中华人民共和国政府在突发事件的预防与应急准备、监测与预警、应急处置与救援、事后恢复与重建等方面,同外国政府和有关国际组织开展合作与交流。

条文注释

随着全球化发展,突发事件造成的消极影响可能会蔓延至世界各地,有时仅凭我国单方力量不能良好应对突发事件,这需要获得国际合作与援助。突发事件在全球化背景下已对人类的生存与安全构成严重威胁。人类社会日益联结成为一个命运共同体,推动国际社会携手合作共同应对突发事件显得尤为重要。在国际合作与交流中要加强与有关国家、地区及国际组织在应急管理领域的沟通与合作,参与有关国际组织并积极发挥作用,共同应对各类跨国或世界性突发事件。一方面,大力宣传我国在应对突发事件、加强应急管理的政策措施和成功做法,积极参与国际应急救援活动,向国际社会展示我国良好形象,为推动国际合作应对突发事件提供具有中国智慧的方案。另一方面,密切跟踪研究国际应急发展的动态和趋势,参与公共安全领域重大国际项目研究与合作,学习、借鉴有关国家在预防与应急准备、监测与预警、应急处置与救援、事后恢复与重建等方面的有益经验,开展国外应急管理技术、装备的引进和应用推广,促进应急管理工作水平的提高。建立健全与联合国组织、国际或区域减灾机构、各国政府以及非政府组织在减灾领域的国际交流与合作机制。严格履行国际条约或协定中的国家义务,大力推进国际合作协议的实施,构建共建共享的国际安全共同体。

关联法规

《对外关系法》第 6 条;《标准化法》第 8 条

> **第十五条　【表彰、奖励】**对在突发事件应对工作中做出突出贡献的单位和个人,按照国家有关规定给予表彰、奖励。

条文注释

　　激励机制是保障应急管理高效运作不可或缺的要素。突发事件需要当机立断、妥善处理,在最短时间内充分调动单位和个人的积极性,激励积极作为、有所奉献,这需要相应的激励机制作为保障。为调动有关单位和个人的积极性、创造性,预防消极懈怠行为,保证突发事件应对工作顺利进行,对工作做出突出贡献的单位和个人予以激励。对单位和个人的激励措施,是突发事件应对的长效机制,是一种树立榜样、激励工作的方式,其实施将带来更大的效能提升。有关部门应定期总结经验,依照有关规定给予表彰和奖励。表彰奖励工作遵循以下主要原则:一是体现先进性、代表性和时代性;二是面向基层、面向工作一线;三是精神奖励与物质奖励相结合;四是公开、公平、公正。

关联法规

《公务员法》第52条;《行政复议法》第9条

第二章　管理与指挥体制

> **第十六条　【管理体制和工作体系】**国家建立统一指挥、专常兼备、反应灵敏、上下联动的应急管理体制和综合协调、分类管理、分级负责、属地管理为主的工作体系。

条文注释

　　应急管理体制是应急管理体系的核心内容之一,主要是指由有关法律制度规定突发事件应急处置主体的职责定位及其相对稳定的相互关系,包括领导体制、机构设置、决策指挥、相互关系等构成要素。在现代社会中突发事件的危害和影响往往呈现复合性,并非某个部门能够单独应对,为此需要一个运作协调、科学高效的应急管理体系,此为有效整合各类资源、及时高效开展应急处置工作的关键。2019年党的十九届四中全会指出,构建统一指挥、专常兼备、反应灵敏、上下联动的应急管理体制,优化国家应急管理能力体系建设,提高防灾、减灾、救灾能力。

(1)统一指挥。这要求解决的是党政军关系以及政府和部门之间的关系。在突发事件应对处理的各项工作中,必须坚持由各级人民政府统一领导,成立应急指挥机构,对工作实行统一指挥。有关部门要在应急指挥机构的领导下,依照法律、行政法规和有关规范性文件的规定,开展各项应对处理工作。突发事件应急管理体制,从纵向看包括中央、省以及市、县地方政府的应急管理体制,实行垂直领导,下级服从上级;从横向看,包括突发事件发生地的政府及各有关部门,形成相互配合,共同服务于指挥中枢的关系。保证步调一致、行动一致,构筑一道严密的应急管理网络。

(2)专常兼备。这要求兼具常备性和专门性的队伍配置。这是指应对突发事件既要有专业部门发挥技术优势,又要有常态化的综合部门发挥整合优势。例如,抗击突发公共卫生事件仅有医疗卫生部门是不够的,还需协调工信、财政、交通、民航、公安等部门。2018年党和国家机构改革中成立的应急管理部是国务院组成部门,体现了构建更高层次的常态化综合机构的趋向。

(3)反应灵敏。这要求应急管理系统具有高效的风险感知能力以及及时响应的灵活性、适应性。突发事件来源不确定,风险大,应对其不宜墨守成规。传统应急管理的制度设计主要基于处置确定的常规突发事件,不适合应对高度复杂性、高度不确定性的非常规突发事件,为处置急难险重任务要求具有反应灵敏的体制。

(4)上下联动。这是指中央政府与地方政府、上下级政府及其部门形成密切配合、协同应急的合作关系。传统应急管理的重心过高,指令从顶层向基层传达虽然快捷,但信息从基层到顶层传递的过程中信号逐级衰减。通俗来讲,上下联动要求上级和下级一起行动,不能由中央政府、上级政府"大包大揽",也不能交由某一级政府独立负责,而应当实现突发事件应对管理工作的重心下移,让属地政府负起责任。超出属地的则由上级政府乃至中央政府介入,接受统一指挥,属地政府予以配合和协助。为此,应构建科学合理的分级响应制度,在加强中央对地方指导的同时,赋予地方灵活响应的权力,并压实地方政府的责任。

建立健全突发事件工作体系的要求是:综合协调、分类管理、分级负责、属地管理为主。既明确了突发事件应急管理体制建设的原则,也明确了突发事件应对的职责。2006年党的十六届六中全会作出的《中共中央关于构建社会主义和谐社会若干重大问题的决定》,明确提出要"建立健全分类管理、分级负责、条块结合、属地为主的应急管理体制"。

(1) 综合协调。这主要有两层含义:一是政府对所属各有关部门、上级对下级各有关部门、政府与社会各有关组织、团体的协调;二是各级政府突发事件应急管理工作的办事机构进行的日常协调。综合协调的本质和取向,是在分工负责的基础上,强化统一指挥、协同联动、快速反应。

(2) 分类管理。这是指根据不同类型突发事件的不同特性实施应急管理,实际上是分类负责,以充分发挥诸如防汛抗旱、核应急、防震减灾等指挥机构及其办公室在相关领域应对突发事件中的作用。

(3) 分级负责。这主要是指根据突发事件影响范围和突发事件的级别不同,确定应对管理工作由不同层级的政府负责。一般和较大的自然灾害、事故灾难、公共卫生事件的应急处置工作分别由发生地县级和设区的市级人民政府统一领导;重大和特别重大的自然灾害、事故灾难、公共卫生事件的应急处置工作分别由发生地省级人民政府统一领导,其中影响全国、跨省级行政区域或者超出省级人民政府处置能力的特别重大的自然灾害、事故灾难、公共卫生事件由国务院统一领导。社会安全事件由于其具有特殊性,原则上也是由发生地县级人民政府组织处置,但必要时上级人民政府可以直接处置。

(4)属地管理为主。是要明确地方政府是预防、应对突发事件的第一责任人,同时允许国务院有关部门的行业管理为例外。主要有两种含义:一是突发事件应急处置工作原则上由地方负责,即由突发事件发生地的县级以上人民政府负责,其中主要由突发事件发生地的县级人民政府负责;二是法律、行政法规规定由国务院有关部门对特定突发事件的应对工作负责的,就应当由国务院有关部门管理为主。如《核电厂核事故应急管理条例》规定,全国核事故应急管理工作由国务院指定的部门负责。

关联法规

《安全生产法》第85条;《防洪法》第38条;《"十四五"国家应急体系规划》

第十七条 【突发事件应对管理工作分工】县级人民政府对本行政区域内突发事件的应对管理工作负责。突发事件发生后,发生地县级人民政府应当立即采取措施控制事态发展,组织开展应急救援和处置工作,并立即向上一级人民政府报告,必要时可以越级上报,具备条件的,应当进行网络直报或者自动速报。

突发事件发生地县级人民政府不能消除或者不能有效控制突发事件引起的严重社会危害的,应当及时向上级人民政府报告。上级人民政府应当及时采取措施,统一领导应急处置工作。

> 法律、行政法规规定由国务院有关部门对突发事件应对管理工作负责的,从其规定;地方人民政府应当积极配合并提供必要的支持。

条文注释

突发事件应对管理体制是在中央和国务院统一领导下,各地方、各部门按照分级管理、分级响应的原则,建立健全应急管理机构,明确各级有关部门的工作职责。本条规定是应急管理体制原则的具体化。前2款着重强调了"属地管理为主"原则下县级人民政府的责任。第3款则着重强调了"分类管理"原则下国务院有关部门对特定突发事件应对工作的责任,同时按照"条块结合"原则对地方人民政府的协助义务提出要求。

前2款规定突发事件发生地的县级人民政府应立即开展的主要工作。本条第2款重点明确,突发事件发生地县级人民政府不能消除或者不能有效控制突发事件引起的严重社会危害时如何处理的问题。

本条第3款所称的法律、行政法规规定由国务院有关部门负责应对的突发事件,是指在民航、铁路、海事、核利用行业或领域发生的突发事件,具体包括民航事故、铁路行车事故、水上交通事故、核事故等。本法规定国务院有关部门对特定行业或领域的突发事件的应对工作负责,并非排除突发事件发生地人民政府的应急责任,突发事件发生地人民政府应积极配合并提供必要的支持。基于历史的原因和专业应对特定行业或领域的突发事件的需要,本法颁布前已经形成有关法律、法规确定由国务院有关部门对特定行业或领域的突发事件的应对工作负责的工作格局。为更有效地借助专业力量处置特定行业或领域突发事件的需要,本着"条块结合"的工作原则,本条规定"法律、行政法规规定由国务院有关部门对突发事件应对管理工作负责的,从其规定"。

关联法规

《民用航空法》第3条;《海上交通安全法》第3条;《铁路法》第3条

> **第十八条　【建立协同应对机制】**突发事件涉及两个以上行政区域的,其应对管理工作由有关行政区域共同的上一级人民政府负责,或者由各有关行政区域的上一级人民政府共同负责。共同负责的人民政府应当按照国家有关规定,建立信息共享和协调配合机制。根据共同应对突发事件的需要,地方人民政府之间可以建立协同应对机制。

条文注释

本条规定的是分级负责、属地管理下相关行政区域内人民政府的责任及协同应对机制。具体而言,较大和一般突发事件,分别由发生地设区的市级人民政府和县级人民政府统一领导和协调应急处置工作。重大和特别重大自然灾害、公共卫生事件、事故灾难的应急处置工作由发生地省级人民政府统一领导和协调,其中影响全国或者跨省级行政区域的特别重大自然灾害、公共卫生事件、事故灾难的应急处置工作由国务院统一领导和协调。社会安全事件由发生地县级人民政府组织处置,必要时上级人民政府可以直接组织处置。为了协同应对的需要,共同负责的人民政府应当按照国家有关规定,建立信息共享和协调配合机制。

关联法规

《国境卫生检疫法》第5条;《慈善法》第71条

第十九条 【领导机关与应急指挥机构】县级以上人民政府是突发事件应对管理工作的行政领导机关。

国务院在总理领导下研究、决定和部署特别重大突发事件的应对工作;根据实际需要,设立国家突发事件应急指挥机构,负责突发事件应对工作;必要时,国务院可以派出工作组指导有关工作。

县级以上地方人民政府设立由本级人民政府主要负责人、相关部门负责人、国家综合性消防救援队伍和驻当地中国人民解放军、中国人民武装警察部队有关负责人等组成的突发事件应急指挥机构,统一领导、协调本级人民政府各有关部门和下级人民政府开展突发事件应对工作;根据实际需要,设立相关类别突发事件应急指挥机构,组织、协调、指挥突发事件应对工作。

条文注释

建立健全各级党委、政府领导下的统一指挥机制,实行首长负责制,是突发事件应急指挥体制的工作要求。根据本条第1、2款的规定,县级以上人民政府是突发事件应对管理工作的行政领导机关。通过立法明确行政领导机关,也就明确了承担突发事件应对的责任主体,有利于提升应对管理效率和能力。突发事件公共性要求与之匹配的行政领导机关体现强烈的公共性,而政府最为典型。具体而言,国务院是突发事件应急工作的最高行政领导机关。在国务院总理领导下,通过国务院常务会议研究、决定和部署特别重大突发事件应对工作。地方各级人民政府是本行政区域突发事件应对工作的行政领导机关,负责本行政区域各类突发事件的应对工作。也就是说,国务院和县级以上人民政府中承担具体应急职能的部门并非领导机关,而仅是应急工作机构。

本条第 2 款规定,根据实际需要设立国家突发事件应急指挥机构,负责突发事件应对管理工作。本法的基本逻辑之一,是通过"应急授权"来维护紧急情况下的公共安全。所谓应急授权,即行政应急权力的临时扩张。行政应急权力是行政机关基于公民意志和社会契约而拥有的,单方面决定改变相对个体或组织权利义务的力量。在突发事件中,行政应急权力的扩张主要通过创建专门性的应急指挥机构,行使超常规的行政职权来应对风险。应急指挥机构是政府为了有效地指挥、调集、整合多方力量,以保障整个社会能够协调一致、快速应对,及时恢复社会秩序而成立的一种特别组织。必要时,国务院可以派出工作组指导有关工作。如国家设立的国家防汛抗旱总指挥部、国家森林防火总指挥部、国务院抗震救灾总指挥部等。

本条第 3 款明确了突发事件应急指挥机构的组成与职责。一是发生突发事件后,由县级以上地方人民政府设立的突发事件应急指挥机构负责处置。县级以上地方人民政府设立的突发事件应急指挥机构,形式上属于一级政府处理突发事件应对工作的议事、协调机构,负责统一领导、协调本级人民政府各有关部门和下级人民政府开展有关突发事件的应对工作。突发事件应急指挥机构由本级人民政府主要负责人、相关部门负责人、国家综合性消防救援队伍和驻当地中国人民解放军、中国人民武装警察部队等组成。二是如果实际需要,县级以上地方人民政府可以设立相关类别突发事件应急指挥机构,组织、协调、指挥突发事件应对工作。必要时,突发事件发生地的县级以上地方人民政府可以临时设立现场应急指挥机构,统一组织、协调、指挥现场应急处置工作。这里的实际需要,主要指某些突发事件专业性强且影响比较单一,或者是现场应急处置的需要。由于上级人民政府主管部门对下级人民政府相关部门有行政或业务上的领导、指导关系,在发生突发事件时上级人民政府主管部门应当在各自职责范围内,指导、协助下级人民政府及其相应部门做好突发事件的应对工作。

关联法规

《防洪法》第8条;《安全生产法》第8、9条;《消防法》第3、4条;《传染病防治法》第6条;《军队参加抢险救灾条例》第6、7条;《生产安全事故应急条例》第6条

第二十条　【应急指挥机构依法发布决定、命令、措施】突发事件应急指挥机构在突发事件应对过程中可以依法发布有关突发事件应对的决定、命令、措施。突发事件应急指挥机构发布的决定、命令、措施与设立它的人民政府发布的决定、命令、措施具有同等效力,法律责任由设立它的人民政府承担。

条文注释

根据《宪法》和法律、行政法规的规定,各级人民政府及其有关部门有权在其职权范围内发布具有约束力的决定、命令、措施等,其中包括关于突发事件应对工作。本条明确,突发事件应急指挥机构依法发布有关突发事件应对的决定、命令、措施等与本级人民政府发布的决定、命令、措施等具有同等效力。应急指挥机构发布主体具有合法性。该应急指挥机构是本级人民政府设立的临时议事协调机构,由相关部门组织、临时性应对突发事件的决策、指挥与处置机构。议事协调机构,是指为了完成某项特殊性或临时性任务而设立的跨部门的协调机构。各级人民政府设立议事协调机构的主要目的是应对突发事件时,能够集中政府各职能部门力量,保障各部门无障碍沟通,并迅速制定详细的科学预案,及时控制影响,将突发事件危害降到最低。议事协调机构由多部门组成,具有高领导层级的特点,便于高效指挥,满足突发事件综合性需求,发挥不同部门的专业优势。为避免各部门之间相互推诿、扯皮的情形,明确规定应急指挥机构有权发布决定、命令、措施,明确具体的规则。与此同时,鉴于应急指挥

机构是临时机构,没有行政主体资格,法律责任由设立它的人民政府承担。

关联法规

《地方各级人民代表大会和地方各级人民政府组织法》第59条

第二十一条 【应对管理职责分工】县级以上人民政府应急管理部门和卫生健康、公安等有关部门应当在各自职责范围内做好有关突发事件应对管理工作,并指导、协助下级人民政府及其相应部门做好有关突发事件的应对管理工作。

条文注释

应急管理部门的职责主要包括组织协调和指导应急管理工作、防范和风险评估、应急救援、培训和宣传,以及监督管理,这些职责构成了在突发事件应对管理中的核心角色和功能。县级以上卫生健康主管部门具体负责组织本行政区域内突发事件的预防、监测、预警、疫情报告、调查、控制、监督和医疗救治工作。公安机关是国家政权的重要组成部分,是人民民主专政政权中具有武装性质的治安行政和刑事司法的专门机关。其任务是维护国家安全,维护社会治安秩序,保护公民的人身安全、人身自由和合法财产,保护公共财产,预防、制止和惩治违法犯罪活动。县级以上公安机关的职责,就是公安机关的法定职责。在突发事件应对管理工作中,三个政府部门的职责相近、关系密切、角色重要,应该充分发挥通力合作、有机协调的作用,指导、协助下级人民政府及其相应部门做好有关突发事件的应对管理工作。

关联法规

《基本医疗卫生与健康促进法》第7条;《人民警察法》第2条;《安全生产法》第10条

第二十二条 【基层人民政府及自治组织的职责】乡级人民政府、街道办事处应当明确专门工作力量,负责突发事件应对有关工作。

居民委员会、村民委员会依法协助人民政府和有关部门做好突发事件应对工作。

条文注释

本条第 1 款规定乡级人民政府、街道办事处应当明确专门工作力量,负责突发事件应对有关工作。为预防和减少突发事件发生,控制、减轻和消除突发事件引起的社会危害,规范突发事件应对活动,完善突发事件应对体制机制,提高应对突发事件能力,要求乡级人民政府、街道办事处加强工作力量,负责突发事件应对工作。专门工作力量在乡镇人民政府、街道办事处的统一领导下,具体协调辖区内各部门、各单位的突发事件管理应对工作,实现专业力量处置、专项指挥部统筹、属地保障。实践中多地乡级人民政府、街道办事处设立了突发事件应急委员会,负责统一领导突发事件的应对工作。对于重大且影响当地社会稳定的突发事件,则由乡级人民政府、街道办事处统一领导应急处置工作。

本条第 2 款规定居民委员会、村民委员会依法协助人民政府和有关部门做好突发事件应对工作。居民委员会、村民委员会是基层群众性自治组织,突发事件应对工作应实现力量下沉。基层群众自治制度作为我国基本政治制度,其体现在《村民委员会组织法》和《城市居民委员会组织法》中,即基层群众自治性组织应当协助人民政府做好突发事件应对管理工作,组织、协调各方面力量,实行群防群控、群防群治。基层群众自治性组织协助人民政府行使行政应急权,体现在多个法律条文中。如《城市居民委员会组织法》第 2 条第 2 款规定,居民委员会协助不设区的市、市辖区的人民政府或者它的派出机关开展工作;第 3 条规定,居民委员会的任务之一是协助人民政府或者它的派出机关做好与居民利益有关的公共卫生、计划生育、优抚救济、青少年教育等项工作。具体到突发事件领域,同样需要基层群众自治性组织协助行使行政权力。如居民委员会、村民委员会根据人民政府的要求,结合各自的实际情况,开展有关应急知识的宣传普及活动和必要的应急演练。

关联法规

《城市居民委员会组织法》第 2 条;《村民委员会组织法》第 2 条

第二十三条 【公众参与】公民、法人和其他组织有义务参与突发事件应对工作。

条文注释

本条明确了公民、法人和其他组织在突发事件应对中应当履行的义务。公众参与是当下公共管理领域革新的一个潮流。在推进应急管理体系和治理能力现代化背景下,社会治理共同体要求"人人有责、人人尽责、人人享有"。公民、法人和其他组织在突发事件应对中获得救助是一项权利,但也有参与自救、互救的义务。公众参与是突发事件应对法律法规的框架下,公众个别地或有组织地协助有关部门应对突发事件开展互助自救活动,促进受影响地区及居民恢复生产、生活的过程。

公众是突发事件应对中不可或缺的力量。公众参与的程度、效果直接影响和制约突发事件的治理效果,强化公众参与突发事件应对需要从理念、制度、组织等层面不断改进。提高应对突发事件能力必须增强公众的回应性和主动性,提升公众参与的有效性。突发事件应对的根本目的在于维护国家安全、公共安全、环境安全和社会秩序,保护人民生命财产安全,公众应当服从所在地人民政府、居民委员会、村民委员会或者所属单位的指挥和安排,配合人民政府采取的应急处置措施,积极参加应急救援工作,协助维护社会秩序。

关联法规

《宪法》第33条;《气象灾害防御条例》第9条

> **第二十四条 【武装力量参加突发事件应急救援和处置】**
> 中国人民解放军、中国人民武装警察部队和民兵组织依照本法和其他有关法律、行政法规、军事法规的规定以及国务院、中央军事委员会的命令,参加突发事件的应急救援和处置工作。

条文注释

本条规定了武装力量参加突发事件的应急救援和处置工作。我国的武装力量,主要由中国人民解放军、中国人民武装警察部队、民兵组织组成。中国人民解放军包括现役部队和预备役部队,是中国武装力量的主体,主要担负防卫作战任务,必要时可以协助维护社会秩序。中国人民武装警察部队担负着维护国家安全和社会稳定、保卫国家重要目标、保卫人民生命财产安全的任务。民兵是不脱离生产的群众武装组织,平时担负战备执勤、抢险救灾和维护社会秩序等任务,战时担负配合常备军作战、独立作战、为常备军作战提供战斗勤务保障以及补充兵员等任务。武装力量本身具有良好的纪律性、组织性及训练有素,是突发事件应急救援和处置的重要力量。武装力量参加的应急救援和处置行动,是指在突发事件发生时运用军事力量有针对性地采取控制性、救助性、保护性、恢复性的应急措施,这些措施包括人员救助、事态控制、公共设施恢复和公众基本生活保障等。在面对突发事件时,整个社会响应的行为模式与作战具有相似性,如管制、疏散、后勤、通信、监测、秩序维持等。同时,军队所具备的快速动员、统一行动、装备专业、保障有力等特点,非常适合作为应对突发事件的快速反应力量参与救援。由于军队具有组织严密、反应迅速、战备程度高、科研转化快的优点,无论是在国内还是国外都已成为应急救援的首选力量。

现行法律、行政法规、军事法规明确了中国人民解放军、中国人民武装警察部队和民兵组织参加突发事件应急救援和处置的职责要求。如《国防法》《防震减灾法》《防洪法》等法律，《核电厂核事故应急管理条例》《破坏性地震应急条例》《防汛条例》等行政法规，《军队参加抢险救灾条例》等军事法规，都有关于武装力量参与突发事件应急救援和处置工作的规定。《国防法》第61条规定："军人应当发扬人民军队的优良传统，热爱人民，保护人民，积极参加社会主义现代化建设，完成抢险救灾等任务。"《军队参加抢险救灾条例》第2条第1款规定："军队是抢险救灾的突击力量，执行国家赋予的抢险救灾任务是军队的重要使命。"武装力量在突发事件应急救援和处置工作中发挥着重要的作用，为维护国家安全、公共安全、环境安全和社会秩序、人民的生命财产安全作出了贡献。武装力量参与突发事件应急救援和处置工作应依法进行，并在统一领导下履行突发事件应急救援和处置任务。应急救援与处置工作坚持"以人为本、为民解困"的理念，建立和完善武装力量处置突发事件的管理体系，增强应对多种安全威胁、完成多样化任务的能力，最大限度地减少突发事件的危害。

关联法规

《国防法》第61条；《防震减灾法》第9条；《防洪法》第43条第2款；《民兵工作条例》第2条；《军队参加抢险救灾条例》第2条；《突发公共卫生事件应急条例》第53条

第二十五条 【本级人大监督】县级以上人民政府及其设立的突发事件应急指挥机构发布的有关突发事件应对的决定、命令、措施，应当及时报本级人民代表大会常务委员会备案；突发事件应急处置工作结束后，应当向本级人民代表大会常务委员会作出专项工作报告。

条文注释

我国实行人民代表大会制度,县级以上人民政府都由人大产生,对人大负责,受人大监督。人大常委会的监督包括法律监督和工作监督,备案审查属于一种典型的法律监督形式,即要求规范性文件在制定颁布后,按法定期限报同级或上一级人大常委会备案,由接受备案的人大常委会在法定期限内依照法定标准和程序对其进行监督审查。县级以上人民政府及其设立的突发事件应急指挥机构发布有关突发事件应对管理的决定、命令、措施均受到本级人大常委会的监督。各级人大常委会对本级人民政府作出应对突发事件的决定、命令进行备案审查,主要是审查这些决定和命令是否存在超越权限,限制或者剥夺公民、法人和组织的合法权益,或者增加公民、法人和组织义务的情形;违反法律、法规规定的情形以及其他不适当而应当予以撤销的情形。

关联法规

《宪法》第67、104条;《各级人民代表大会常务委员会监督法》第8~14条;《地方各级人民代表大会和地方各级人民政府组织法》第8、44条

第三章 预防与应急准备

第二十六条 【突发事件应急预案体系】国家建立健全突发事件应急预案体系。

国务院制定国家突发事件总体应急预案,组织制定国家突发事件专项应急预案;国务院有关部门根据各自的职责和国务院相关应急预案,制定国家突发事件部门应急预案并报国务院备案。

地方各级人民政府和县级以上地方人民政府有关部门根据有关法律、法规、规章、上级人民政府及其有关部门的应急预案以及本地区、本部门的实际情况,制定相应的突发事件应急预案并按国务院有关规定备案。

条文注释

本条第1款是对突发事件应急预案的原则性规定。应急预案是各级人民政府及其部门、基层组织、企事业单位和社会组织等为依法、迅速、科学、有序进行应对突发事件,最大限度地减少突发事件及其造成的损害而预先制定的有关计划或方案。在本质上,应急预案是有关部门实施应急管理时的执行方案,可概括为"由谁制定、分类制定、确定对象、设计制度"。应急预案是应急保障体系中的重要组成部分,也是我国"一案三制"(应急预案、应急体制、应急机制、应急法制)的起点,建立健全突发事件应急预案体系是应急管理法治建设的必由之路。2006年国务院制定《国家突发公共事件总体应急预案》,标志着全国范围内开始大规模建设应急预案体系。应急预案有助于识别潜在突发事件、了解突发事件的发生机理、明确应急救援的范围和体系,使突发事件的应急预防、预警、财物保障等工作有章可循;有利于对突发事件及时作出响应和处置;有利于避免或防止突发事件扩大或升级,最大限度地减少突发事件造成的损失;有利于提高全社会的居安思危,积极防范社会风险的意识。

本条第2、3款分别规定了国务院及有关部门、地方各级人民政府及有关部门的职责。国家突发事件应急预案分两个层次:一是中央一级的突发事件总体应急预案、专项应急预案和部门应急预案;二是地方一级突发事件总体应急预案、专项应急预案和部门应急预案。作为全国应急预案体系的总纲和指导性文件,《国家突发公共事件总体应急预案》由国务院直接制定,适用于涉及跨省级行政区划的,或者超出事发地省级人民政府处置能力的特别重大突发事件应对工作。国家突发事件专项应急预案由国务院组织制定,包括自然灾害救助、防汛抗旱、地震、地质灾害、重特大森林火灾、安全生产事故灾难、铁路行车事故、民用航空飞行器事故、重大食品安全事故、突发公共卫生事件等应急预案。国家突发事件部门应急预案由国务院有关部门负责制定,包括重大突发性气象灾害、草原火灾、危险化学品事故、城市供气系统重大事故等突发事件的应急预案。地方突发事件应急预案由地方各级人民政府和县级以上地方政府有关部门负责制定,具体包括:省级人民政府的突发事件总体应急预案、专项应急预案和部门应急预案;各市、县人民政府和乡镇政府制定的突发事件应急预案。

　　应急预案本质上是风险管理的工具,同时也是提高处置和应对突发事件工作效率的一种有效手段。地方政府和有关部门在制定各类突发事件应急预案时,要把握以下几项原则:一是符合有关法律、法规、规章的规定和要求;二是与上级政府及其有关部门的应急预案保持一致;三是因地制宜,符合本地实际情况。各类突发事件应急预案制定完成后,不宜一成不变。应当建立动态管理制度,针对突发事件应急管理实践中暴露出的问题,不断进行修订、完善,以便进一步增强其针对性、可操作性、实用性。

关联法规

《安全生产法》第40条;《突发事件应急预案管理办法》

第二十七条 【应急管理部门指导应急预案建设】县级以上人民政府应急管理部门指导突发事件应急预案体系建设,综合协调应急预案衔接工作,增强有关应急预案的衔接性和实效性。

条文注释

突发事件应对是一个复杂、系统又相互衔接、紧密配合的整体工程,应急预案编制须考虑各部门之间的衔接。县级以上人民政府应急管理部门是指导突发事件应急预案体系建设的主管部门,发挥统筹协调的作用。由于相关部门联系密切,涉及各级政府制定的总体预案、部门应急预案、各类专项预案等,应急预案之间难免发生冲突。《突发事件应急预案管理办法》第5条就应急预案体系建设和管理工作作出规范,明确提出由各级应急管理部门负责指导应急预案管理工作,综合协调应急预案衔接工作。

地方各级部门在编制应急预案前要做好以下几方面工作:一是与上级政府应急预案衔接;二是与各部门应急预案衔接;三是与相邻地区政府应急预案衔接;四是与重点高危行业企业应急预案衔接。为增强应急预案之间的衔接性和实效性,应急管理部门应发挥积极协调作用。例如,应急管理部内设救援协调和预案管理局,统筹应急预案体系建设,组织编制国家总体应急预案和安全生产类、自然灾害类专项预案并负责各类应急预案衔接协调,承担预案演练的组织实施和指导监督工作。应急预案衔接需要统筹兼顾、协同推进,各级应急管理部门在推进过程中需要重视以下环节:一是应急预案规划环节;二是应急预案编制环节;三是应急预案审核环节;四是应急预案演练环节;五是应急预案评估环节。优化应急预案的顶层设计与组织协调体系,既能理顺突发事件应对管理中的领导、指挥、合作关系,也有利于为应急管理工作提供组织保障。

关联法规

《突发事件应急预案管理办法》;《交通运输突发事件应急管理规定》第10条

第二十八条　【应急预案的基本内容与要求】应急预案应当根据本法和其他有关法律、法规的规定,针对突发事件的性质、特点和可能造成的社会危害,具体规定突发事件应对管理工作的组织指挥体系与职责和突发事件的预防与预警机制、处置程序、应急保障措施以及事后恢复与重建措施等内容。

应急预案制定机关应当广泛听取有关部门、单位、专家和社会各方面意见,增强应急预案的针对性和可操作性,并根据实际需要、情势变化、应急演练中发现的问题等及时对应急预案作出修订。

应急预案的制定、修订、备案等工作程序和管理办法由国务院规定。

条文注释

本条第 1 款规定了突发事件应急预案的主要内容。制定应急预案应当科学、严密和全面,遵循依法规范、以人为本、资源整合等原则要求。从性质上来说,政府及有关部门制定的应急预案属于规范性文件,因而应当根据法律、法规规定制定,不得与法律、法规的规定相抵触。应急预案要对法律、法规的规定作进一步细化,重点要根据各类突发事件的不同性质、特点和可能造成的社会危害程度,作出有针对性、便于实际操作的具体规定。按照国务院办公厅 2024 年《突发事件应急预案管理办法》的规定,应急预案分为政府及其部门应急预案、单位和基层组织应急预案两大类。政府及其部门应急预案包括总体应急预案、专项应急预案、部门应急预案等。单位和基层组织应急预案包括企事业单位、村民委员会、居民委员会、社会组织等编制的应急预案。其中,总体应急预案围绕突发事件事前、事中、事后全过程,主要明确应对工作的总体要求、事件分类分级、预案体系构成、组织指挥体系与职责,以及风险防控、监测预警、处置救援、应急保障、恢复重建、预案管理等内容。应急预案最核心部分是应急响应和应急处置机制，此部分内容要尽可能细化且符合逻辑，增强可操作性。

本条第2款规定的是应急预案制定机关听取意见及动态修订要求。为增强应急预案的科学性与民主性，应急预案制定机关应当广泛听取有关部门、单位、专家和社会各方面的意见，组织专家论证。涉及其他单位职责的，应当书面征求意见。必要时，向社会公开征求意见。单位和基层组织在应急预案编制过程中，应根据法律、法规要求或实际需要，征求相关公民、法人或其他组织的意见。应急预案制定机关应当建立应急预案定期评估制度，分析应急预案内容的针对性、实用性和可操作性等，定期或不定期对预案进行检查，实现应急预案的动态修订和科学规范管理。

本条第3款规定了应急预案的制定、修订、备案等工作程序和管理办法由国务院规定。2004年《国务院有关部门和单位制定和修订突发公共事件应急预案框架指南》要求"预案管理与更新明确定期评审与更新制度、备案制度、评审与更新方式方法和主办机构等"，并提出："紧紧围绕应急工作体制、工作运行机制和法制建设等方面制定、修订应急预案。"

关联法规

《核安全法》第55条；《工贸企业粉尘防爆安全规定》第23条；《国务院有关部门和单位制定和修订突发公共事件应急预案框架指南》

第二十九条 【突发事件应急体系建设规划】县级以上人民政府应当将突发事件应对工作纳入国民经济和社会发展规划。县级以上人民政府有关部门应当制定突发事件应急体系建设规划。

条文注释

国民经济和社会发展规划是全国或者某一地区经济、社会发展的总体纲要,是具有战略意义的指导性文件。国民经济和社会发展规划统筹安排和指导全国或某一地区的社会、经济、文化建设工作。2021年十三届全国人大四次会议表决通过了《中华人民共和国国民经济和社会发展第十四个五年规划和2035年远景目标纲要》,明确提出建立健全重点风险源评估预警和应急处置机制,完善国家应急管理体系。将突发事件应对工作纳入国民经济和社会发展规划具有战略意义,有助于提升预防工作质效。对此,本条还规定县级以上人民政府有关部门应当制定突发事件应急体系建设规划。这要求有关部门高度重视,推进应急管理改革发展,着力构建统一领导、权责一致、权威高效的应急管理体系,建成与公共安全风险相匹配、覆盖应急管理全过程和全社会共同参与的体系,全面增强综合保障能力。

关联法规

《国务院组织法》第8条;《地方各级人民代表大会和地方各级人民政府组织法》第11条;《全国人民代表大会常务委员会议事规则》第24条

第三十条 【国土空间规划符合预防、处置突发事件的需要】 国土空间规划等规划应当符合预防、处置突发事件的需要,统筹安排突发事件应对工作所必需的设备和基础设施建设,合理确定应急避难、封闭隔离、紧急医疗救治等场所,实现日常使用和应急使用的相互转换。

条文注释

国土空间规划是国家空间发展的指南、可持续发展的空间蓝图,是各类开发保护建设活动的基本依据。建立国土空间规划体系并监督实施,将主体功能区规划、土地利用规划、城乡规划等空间规划融合为统一的国土空间规划,实现"多规合一",强化国土空间规划对各专项规划的指导约束作用,是党中央、国务院作出的重大部署。国土空间规划不仅需要对未来一段时间内国土保护与利用的常态作出通盘考虑,而且需要考虑规划期内突发事件的应对。编制国土空间规划,应当符合预防、处置突发事件的需要。

国土空间规划作为战略性和全局性的安排,应该对预防、处置突发事件进行前瞻性的防控。应对突发事件,需要有长远性和战略性的考虑,并建立现代化的社会治理体系。而国土空间规划就是社会治理体系的重要组成部分。在国土空间规划中,应高度重视突发事件应急体系的建设,从目标理念、空间安排、设施布置、技术手段等方面进行全方位统筹考虑,并从合理确定应急避难、封闭隔离、紧急医疗救治等场所作出具体设计。政府编制的城乡规划应当满足以下要求:一是符合突发事件预防和处置工作的需要。例如,在制定城市规划时,一些高危险企业和单位应当安排在远离商业区和居民住宅区的地方;在制定乡村规划时,在容易发生山体滑坡、泥石流地带和水库大坝的下方,不应安排村民居住点。二是根据应对突发事件需要,统筹安排有关设备和基础设施建设。如在城市现有的可以用作发生紧急情况时应急避难场所的公园、体育场等地方,规划建设饮用水设施。应综合考虑突发事件应对需要,实行地上地下空间统筹和一体化提升改造,实现日常使用和应急使用的相互转换。

关联法规

《土地管理法》第18条;《安全生产法》第8条

第三十一条 【应急避难场所的建设和管理】国务院应急管理部门会同卫生健康、自然资源、住房城乡建设等部门统筹、指导全国应急避难场所的建设和管理工作,建立健全应急避难场所标准体系。县级以上地方人民政府负责本行政区域内应急避难场所的规划、建设和管理工作。

条文注释

应急避难场所是应对突发事件的一项灾民安置措施,是现代社会用于民众躲避火灾、爆炸、洪水、地震、疫情等重大突发事件的安全避难场所。根据本条规定,全国应急避难场所标准体系建设由国务院应急管理部门会同卫生健康、自然资源、住房城乡建设等部门统筹、指导。2023年应急管理部、自然资源部印发《应急避难场所专项规划编制指南》,推动科学合理规划、高标准建设城乡应急避难场所,促进构建全国多层次应急避难场所体系。

健全应急避难场所标准体系应依据相关法律规范。《防震减灾法》第59条规定,地震灾区受灾群众需要过渡性安置的,应当根据地震灾区的实际情况,在确保安全的前提下,采取灵活多样的方式进行处置。建立大安全大应急框架和多种应急避难资源共建共用的要求相适应,明确各级避难场所设施设备及物资配置应根据依托场地条件,满足分级管护、应急避难服务保障需求,兼顾跨区域人员转移避险安置需求。与相关级别对应的紧急、短期、长期避难场所内的设施设备及物资,应根据规划和功能设计合理配置。例如,政府在制定规划时要合理安排公园、城市广场、公共绿地、体育场等场所并配备必要的设施,以使这些场所在发生地震等突发事件时可以临时用作避难场所。

关联法规

《无障碍环境建设法》第47条;《防震减灾法》第68条;《城乡规划法》第33条;《村庄和集镇规划建设管理条例》第5条

第三十二条 【突发事件风险评估】国家建立健全突发事件风险评估体系,对可能发生的突发事件进行综合性评估,有针对性地采取有效防范措施,减少突发事件的发生,最大限度减轻突发事件的影响。

条文注释

风险评估是根据突发事件的损害后果、发生概率、应急资源等因素,确定一定区域、场所或事项发生的一种或多种突发事件的风险等级的行为。这是在调查登记的基础上,对经过确认登记的危险源、危险区域组织具备相关专业知识的专家及对应对突发事件有着丰富经验的人员进行分析、论证,得出有关结论,为应对处置工作做好准备。换言之,风险评估是对法律保护的对象所面临的突发事件的威胁、保护对象自身的弱点、突发事件可能造成的影响,以及三者综合作用而带来风险的可能性与后果的评估。

作为突发事件风险管理的基础,突发事件风险评估是各级人民政府及有关部门获得突发事件准确信息的重要途径。通过科学评估,可以识别法律保护对象面临的各种风险,风险发生概率和可能带来的负面影响,评判保护对象承受风险的能力,推荐预防、减轻和控制风险的优先对策。对突发事件建立各种有效的评估机制是突发事件应急管理的一项重要内容。建立和完善评估体系,对预防、减轻和消除突发事件可能带来的风险,提高应对工作的主动性、前瞻性、科学性、有效性和有序性将发挥重要作用。

风险评估作为突发事件应对的基础环节,得到越来越多的重视。及早发现、识别和评估突发事件风险,对有效防范和应对突发事件有重要意义,尤其是可以为决策提供科学依据。具体包括以下几个方面:一是对以往突发事件的历史数据的积累和分析;二是按照风险程度,对突发事件进行分类,确定突发事件可能造成的损害程度和出现的频率;三是根据风险程度大小,采取相应突发事件应对措施。评估方法在正式风险评估之前应该确定,便于评估过程的顺利进行。简言之,风险评估是突发事件应对工作的重要环节,而评估方法的正确运用直接影响结果的可靠性及风险的最大程度控制。

关联法规

《气象灾害防御条例》第10条;《重大行政决策程序暂行条例》第22条

第三十三条 【危险源、危险区域的治理职责】县级人民政府应当对本行政区域内容易引发自然灾害、事故灾难和公共卫生事件的危险源、危险区域进行调查、登记、风险评估,定期进行检查、监控,并责令有关单位采取安全防范措施。

省级和设区的市级人民政府应当对本行政区域内容易引发特别重大、重大突发事件的危险源、危险区域进行调查、登记、风险评估,组织进行检查、监控,并责令有关单位采取安全防范措施。

县级以上地方人民政府应当根据情况变化,及时调整危险源、危险区域的登记。登记的危险源、危险区域及其基础信息,应当按照国家有关规定接入突发事件信息系统,并及时向社会公布。

条文注释

危险源是突发事件应对关注的重要对象之一。对危险源的有效管理可以实现对突发事件的及时预防和科学处置,是实现应对管理工作关口前移,提升应急管理能力的有效途径。危险源是指长期地或者临时地生产、搬运、使用或者储存危险物品,且危险物品的数量等于或者超过临界量的单元(包括场所和设施)。按照突发事件危险源的潜在危害特征,可参考突发事件分类体系,对危险源进行分类。从大类上,可划分为自然灾害危险源、事故灾难危险源和公共卫生事件危险源。还可以进一步按突发事件分类层次细分,如气象灾害危险源、干旱危险源等。危险区域是指容易引发自然灾害、事故灾难或公共卫生事件,可能会对位于此环境内的人员造成健康或安全威胁的区域。例如,泥石流多发地区、核电站周边等都属于危险区域。危险源和危险区域潜藏着发生突发事件的可能性,需要对危险源、危险区域进行调查、登记,并根据分析、辨识情况,选择合适的评估方法。

危险源、危险区域的治理应坚持属地原则,有关部门及时采取安全防范措施。突发事件发生后,发生地县级人民政府应当立即采取措施控制事态发展,组织开展应急救援和处置工作。县级人民政府承担着预防和先期处置突发事件的重要职责,有必要全面掌握本行政区域内存在的危险源、危险区域及其性质、特点,以及可能引发的突发事件和种类、造成的社会危害及其性质和特点。按照分级负责、属地管理为主的应急管理基本原则,省级人民政府承担着统一领导本行政区域内特别重大、重大突发事件应急处置工作的职责,设区的市级人民政府承担着统一领导本行政区域内较大突发事件应急处置工作的职责。因此,省级和设区的市级人民政府也要对本行政区域内容易引发特别重大、重大突发事件的危险源、危险区域进行调查、登记和风险评估工作,并建立健全相关制度。县级以上地方各级人民政府还应当按照国家有关规定接入突发事件信息系统,并及时向社会公布。

关联法规

《安全生产法》第 25 条;《防震减灾法》第 50 条

第三十四条 【及时调解处理矛盾纠纷】 县级人民政府及其有关部门、乡级人民政府、街道办事处、居民委员会、村民委员会应当及时调解处理可能引发社会安全事件的矛盾纠纷。

条文注释

本条是关于县、乡级基层政府和基层群众性自治组织开展矛盾纠纷调解工作以防范社会安全事件的规定。相较于其他三类突发事件,社会安全事件的诱因在于人本身。鉴于社会安全事件是由各种社会矛盾引发的,形成一定的规模,造成一定的社会影响,危害社会稳定,干扰正常的工作秩序、生产秩序、教学科研秩序和社会秩序的群体性事件,发挥有关部门的调解处理作用尤为关键。这些基层行政机关和群众组织工作往往直接与广大群众密切接触,能够及时了解公众的思想状况和他们之间存在的纠纷。因此,应当大力开展矛盾纠纷的排查和调处工作,及时化解各种矛盾纠纷,加强思想工作,避免矛盾纠纷激化或者公众产生过激行为,引发社会安全事件。

在开展这些工作的过程中,基层行政机关还可充分发挥人民调解委员会的作用。在调解处理可能引发社会安全事件的矛盾纠纷,要坚持依法调解、自愿调解、平等调解的原则,结合本地社会经济发展的特点,针对突出的难点、热点纠纷开展调解工作,防范矛盾纠纷激化而引起群众性械斗等社会安全事件。要坚持抓早、抓小、抓苗头,把矛盾纠纷解决在萌芽状态,全力维护社会稳定。

关联法规

《行政强制法》第 3 条;《网络安全法》第 58 条

第三十五条 【单位安全管理制度】所有单位应当建立健全安全管理制度,定期开展危险源辨识评估,制定安全防范措施;定期检查本单位各项安全防范措施的落实情况,及时消除事故隐患;掌握并及时处理本单位存在的可能引发社会安全事件的问题,防止矛盾激化和事态扩大;对本单位可能发生的突发事件和采取安全防范措施的情况,应当按照规定及时向所在地人民政府或者有关部门报告。

第三章 预防与应急准备

条文注释

为提高突发事件的防范和应急水平,在事故发生时将人员伤亡和财产损失控制在最低程度,所有企事业单位、组织等必须建立安全管理制度,并按规定报告有关部门备案。

健全安全管理制度,具体包括突发事件分类、危险源辨识评估、安全防范措施、组织体系、工作职责、处理程序等内容。为应对突发事件,首先要做好突发事件的提前预防工作,从源头上遏制突发事件发生。突发事件一旦发生,不仅本单位受到影响,整个区域甚至社会都会受到影响。根据本条规定,为预防突发事件的发生,所有单位建立健全安全管理制度应当从以下几个方面入手:一是建立健全本单位的安全管理责任制;二是组织制定本单位安全管理规章制度和操作规程;三是各单位负责人应当组织力量开展风险隐患普查工作;四是加强安全教育与宣传;五是按照规定及时向有关部门报告。

关联法规

《安全生产法》第39条;《农产品质量安全法》第12条

第三十六条 【高危行业单位预防突发事件的义务】矿山、金属冶炼、建筑施工单位和易燃易爆物品、危险化学品、放射性物品等危险物品的生产、经营、运输、储存、使用单位,应当制定具体应急预案,配备必要的应急救援器材、设备和物资,并对生产经营场所、有危险物品的建筑物、构筑物及周边环境开展隐患排查,及时采取措施管控风险和消除隐患,防止发生突发事件。

条文注释

矿山、金属冶炼、建筑施工单位和易燃易爆物品、危险化学品、放射性物品等危险物品的生产、经营、储运、使用单位,都是高危行业企业,应当比一般单位承担更大的预防突发事件的责任。这类单位必须针对可能发生的突发事件的种类、性质、特点和可能造成的社会危害等情况,制定具体应急预案。各高危行业单位应当针对本企业的风险隐患特点,以编制事故灾难应急预案为重点,根据实际需要编制其他方面的应急预案,并配备必要的应急救援器材、设备和物资。高危行业单位应当组织力量,制定安全管理规章制度、操作规程和详细的应急预案,定期对生产经营场所、仓储设施及周边环境开展隐患排查,及时消除隐患,加强危险源监控,做好危险品管理。重点针对生产经营场所、有危险物品的建筑物、构筑物及周边环境开展隐患排查,系统研判分析可能发生的突发事件并进行预防。

关联法规

《消防法》第 54 条;《安全生产法》第 82 条

第三十七条 【人员密集场所的经营单位或者管理单位的预防义务】公共交通工具、公共场所和其他人员密集场所的经营单位或者管理单位应当制定具体应急预案,为交通工具和有关场所配备报警装置和必要的应急救援设备、设施,注明其使用方法,并显著标明安全撤离的通道、路线,保证安全通道、出口的畅通。

有关单位应当定期检测、维护其报警装置和应急救援设备、设施,使其处于良好状态,确保正常使用。

条文注释

公共交通工具是指从事旅客运输的各种交通工具,包括各种公共汽车、大、中型出租车、火车、船只、飞机等。公共场所是指人群聚集,供人们学习、工作、社会交往、休息、文体娱乐、参观旅游及满足部分生活需求所使用的一切公共建筑物、场所及设施。公共交通工具和公共场所的共同特点是人员密集集中,往往在某一特定时间聚集成群,一旦发生意外情况,非常容易造成

第三章　预防与应急准备

人员伤亡的严重后果。因此,对这些人员密集场所的经营单位或者管理单位在突发事件预防方面的要求,理应比一般单位要高。根据本条规定,上述单位应承担的义务包括:制定具体应急预案;为有关场所和交通工具配备报警装置和必要的应急救援设备、设施,注明其使用方法;保障安全通道、出口的畅通;保障报警装置和应急救援设备、设施的正常使用。

关联法规

《消防法》第26条;《防震减灾法》第46条

第三十八条　【培训制度】县级以上人民政府应当建立健全突发事件应对管理培训制度,对人民政府及其有关部门负有突发事件应对管理职责的工作人员以及居民委员会、村民委员会有关人员定期进行培训。

条文注释

应急管理培训就是对应急管理所需的知识和技能的培训。县级以上人民政府应当建立健全突发事件应急管理培训制度,制定应急管理的培训规划和培训大纲,明确培训内容、标准和方式,充分运用多种方法和手段,做好应急管理培训工作,并加强培训资质管理。对政府及其有关部门负有处置突发事件职责的工作人员进行应急管理培训,增强应急管理队伍的素质,造就一支能应对各种突发事件、适应现代化建设需要的高素质、专业化的危机应对管理队伍。政府及其有关部门领导干部应急培训的重点是增强应急管理意识,提高统筹常态管理与应急管理、指挥处置应对突发事件的水平。各级应急管理机构干部和工作人员培训的重点是熟悉、掌握应急预案和相关工作制度、程序、要求等,具体培训内容重点包括应急管理基本理论和基本技能;预防、准备、响应和恢复等应急管理关键流程的培训;各种专业应急技能等。对负有突发事件应对管理职责的工作人员以及居民委员会、村民委员会有关人员应急管理培训的重点是增强公共安全意识，提高突发事件隐患排查监管和第一时间应对突发事件的能力。

关联法规

《消防法》第6条;《安全生产法》第4条第2款;《食品安全法实施条例》第55条

第三十九条 【应急救援队伍建设】国家综合性消防救援队伍是应急救援的综合性常备骨干力量,按照国家有关规定执行综合应急救援任务。县级以上人民政府有关部门可以根据实际需要设立专业应急救援队伍。

县级以上人民政府及其有关部门可以建立由成年志愿者组成的应急救援队伍。乡级人民政府、街道办事处和有条件的居民委员会、村民委员会可以建立基层应急救援队伍,及时、就近开展应急救援。单位应当建立由本单位职工组成的专职或者兼职应急救援队伍。

国家鼓励和支持社会力量建立提供社会化应急救援服务的应急救援队伍。社会力量建立的应急救援队伍参与突发事件应对工作应当服从履行统一领导职责或者组织处置突发事件的人民政府、突发事件应急指挥机构的统一指挥。

县级以上人民政府应当推动专业应急救援队伍与非专业应急救援队伍联合培训、联合演练,提高合成应急、协同应急的能力。

条文注释

应急准备主要涵盖人、财、物、通信等方面,其中的"人"表现为应急救援队伍,即突发事件发生后负责执行营救、抢修等应急措施的队伍。应急救援队伍可分为专业应急救援队伍与非专业应急救援队伍。国家综合性消防救援队伍是应急救援的综合性常备骨干力量,是专业应急救援队伍。国家综合性消防救援队伍由应急管理部负责管理,是由中国人民武装警察部队消防部队、中国人民武装警察部队森林部队退出现役,成建制划归应急管理部后组建成立。2018年中共中央办公厅、国务院办公厅印发《组建国家综合性消防救援队伍框架方案》就组建国家综合性消防救援队伍,建设中国特色应急救援主力军和国家队作出部署。国家综合性消防救援队伍应建立统一高效的领导指挥体系。应急管理部管理国家消防救援局,作为消防救援队伍、森林消防队伍的领导指挥机关。省、市、县级分别设消防救援总队、支队、大队,城市和乡镇根据需要按标准设立消防救援站,森林消防总队以下单位保持原建制。

根据本条规定,建立专业应急救援队伍的职责主要赋予了县级以上人民政府及其有关部门。目前,在各县级以上行政区域内,一般都有消防队、特警队等专门性的应急救援队伍。因此,除了综合性应急救援队伍,还需要由县级以上人民政府根据本行政区域内应急救援力量的现状和应对突发事件的需要等因素自行决定是否设立专业应急救援队伍。县级以上人民政府部门可以根据应对突发事件的实际需要和本部门的职责,设立专业性的应急救援队伍。比如我国组建有防汛机动抢险队、矿山应急救援专业队伍、海上应急救援队伍、医学救援队伍。综合性和专业应急队伍是应急救援工作的骨干力量。但是在发生重特大突发事件时,往往需要大量应急救援人员,这两类队伍人员有限,难以满足实际需要,而且维持专门应急救援队伍的成本很高。因此,县级人民政府及其有关部门应当动员社会力量组建志愿者队伍。各单位都应当根据本单位的实际情况,建立由本单位职工组成的专职或者兼职应急救援队伍。而一些从事危险物品生产、经营的大型企业和人员密集场所的经营或者管理单位,还应考虑自行组建专职应急救援队伍。

社会化救援力量是专业救援力量的重要补充,对建立密切协同的应急处置突发事件工作机制具有重要意义。社会力量建立的应急救援队伍参与突发事件应对工作应当服从履行统一领导职责或者组织处置突发事件的人民政府、突发事件应急指挥机构的统一指挥。为此,应在政府统一指挥和有关部门统筹协调下有序开展工作。坚持专业化与社会化相结合,着力提高社会化应急救援队伍的应急能力和行为规范,坚持培育发展与规范引导并重。

本条第4款规定,专业和非专业应急救援队伍应当推动联合培训、联合演练,提高协同应急、合成应急的能力。

关联法规

《消防法》第6条;《森林法》第34条;《国家森林草原火灾应急预案》

第四十条 【应急救援人员人身保险与职业资格】地方各级人民政府、县级以上人民政府有关部门、有关单位应当为其组建的应急救援队伍购买人身意外伤害保险,配备必要的防护装备和器材,防范和减少应急救援人员的人身伤害风险。

专业应急救援人员应当具备相应的身体条件、专业技能和心理素质,取得国家规定的应急救援职业资格,具体办法由国务院应急管理部门会同国务院有关部门制定。

条文注释

应急救援工作具有高风险性,为保证突发事件应急管理工作的顺利进行,首先必须保证应急救援人员的安全。地方各级人民政府、县级以上人民政府有关部门、有关单位应当为其组建的应急救援队伍购买人身意外伤害保险,配备必要的防护装备和器材。人身意外伤害保险,是指保险人对于被保险人由于自己意志以外的原因而致身体残废或者死亡时给付被保险人保险金的一种人身保险。政府和有关单位作为投保人与保险公司订立保险合同,支付保险费,以专业应急救援人员作为被保险人,当被保险人在突发事件应急救援和处置中发生意外伤害事故时,由保险公司依照合同约定向被保险人或受益人支付保险金。

专业应急救援人员应具备相应的身体条件、专业技能和心理素质。其中,要求取得国家规定的应急救援职业资格是专业化建设必要条件,如满足应急救援员相关要求。应急救援员是指从事突发事件的预防与应急准备,受灾人员和公私财产救助,组织自救、互救及救援善后工作的人员。2021年,人力资源和社会保障部公布《国家职业资格目录(2021年版)》,明确"应急救援员"拟依法调整为准入类职业资格。应急救援员作为国家职业体系认证序列的新兴职业,为适应紧急救援形势发展应运而生。为规范从业者的从业行为,为职业技能鉴定提供依据,2019年人力资源和社会保障部联合应急管理部组织有关专家,制定《应急救援员国家职业技能标准》。

关联法规

《保险法》第2条;《交通运输突发事件应急管理规定》第17条

第四十一条 【军队和民兵组织开展专门训练】中国人民解放军、中国人民武装警察部队和民兵组织应当有计划地组织开展应急救援的专门训练。

条文注释

中国人民解放军、中国人民武装警察部队和民兵组织,在应对处置突发事件中发挥着举足轻重的作用,为增强应急救援和处置能力,须进行应急救援的专门训练。突发事件的应急救援和处置需要专门的知识和技能,只有通过经常的培训和演练,才能有效掌握相关的知识技能,面对突发事件时,才能采取有效的救援和处置措施。应急救援培训是提高应急救援人员职业素质和技能水平的有效途径。在组织开展的专门训练培训中,应急救援人员可学习到应对各类专业知识,掌握实际操作技能、提高自身的应急救援能力。培训还可以帮助应急救援人员更好地了解和掌握应急救援的新理念、新技术和新方法,提高应对复杂突发事件的综合素养。

应急救援培训的内容应紧密结合实际需要,注重实用性。主要包括以下几个方面。一是应急救援基础知识:包括应急救援的目的、意义、原则和方法,应急救援的组织和管理等。二是应急救援技能:包括各种应急救援装备的使用方法、紧急医疗救护技能、灭火救援技能等。三是突发事件应对:针对不同类型的突发事件,如火灾、地震、洪水等,讲解应对策略和处置方法。四是实战演练:通过模拟突发事件场景,进行实战演练,提高应急救援员的应急反应能力和实战经验。五是法律法规和道德规范:介绍相关法律法规和道德规范,提高应急救援员的法律意识和职业道德水平。通过采取理论与现场实操训练,提升专业化水平。

关联法规

《反恐怖主义法》第74条;《预备役人员法》第24条

第四十二条 【应急知识宣传普及和应急演练】县级人民政府及其有关部门、乡级人民政府、街道办事处应当组织开展面向社会公众的应急知识宣传普及活动和必要的应急演练。

居民委员会、村民委员会、企业事业单位、社会组织应当根据所在地人民政府的要求,结合各自的实际情况,开展面向居民、村民、职工等的应急知识宣传普及活动和必要的应急演练。

条文注释

应急知识是预防和应对突发事件的各种知识和技能的总称。宣传普及应急知识,使公众掌握自我保护的方法。一方面,县级人民政府及其有关部门、乡级人民政府和街道办事处应当组织开展面向社会公众的应急知识宣传普及活动和必要的应急演练。应急知识的宣传普及,重点放在对群众危机防范能力和危机应对能力的培养上,以便在突发事件发生后取得社会的广泛支持。重点需要培养两种能力:一种是应对突发事件的生存能力,包括自救的技能和互助的技能等;另一种是应对突发事件的心理承受能力。另一方面,居委会、村委会、企事业单位应当根据所在地人民政府的要求,结合各自实际情况,开展面向居民、村民、职工等的应急知识宣传普及活动和必要的应急演练。由基层自治组织、企事业单位等与公众接触最为密切的单位开展宣传教育活动,巩固行政机关的宣传效果,做好公众的自救工作。

应急演练是按照应急预案的程序,经历预警、先期处置、应急响应、善后处置等阶段,充分调动各种人力、物力、财力资源,模拟对突发事件的应对,因此应当着重于对公众风险意识的培养和在紧急情况下自救能力的提高。本条要求各级政府及相关部门定期进行应急演练,以检验预案的实用性和执行力,确保在真实的突发事件中能够按应急预案高效作业。这些演练不仅可以提升应急人员的处理能力,也可以提高公众的安全意识和自救能力。

关联法规

《防震减灾法》第44条;《反恐怖主义法》第17条;《生产安全事故应急条例》第6条

第四十三条 【学校开展应急知识教育】各级各类学校应当把应急教育纳入教育教学计划,对学生及教职工开展应急知识教育和应急演练,培养安全意识,提高自救与互救能力。

教育主管部门应当对学校开展应急教育进行指导和监督,应急管理等部门应当给予支持。

条文注释

应急教育是指紧急情况发生前关于自救、互救,以提高个体生存能力为主的教育,又称为"灾难教育""防灾教育""公共安全教育"等。国务院《健康中国行动(2019—2030年)》已经提出开展健康知识普及行动,把学生健康知识、急救知识等纳入中小学考试范围,这是提升全民应急能力的重要举措。应急教育是安全教育的重要组成部分,也是青少年素质教育的内容之一,各级各类学校应当把应急教育纳入教育教学计划。各级各类学校,包括幼儿园、小学、中学、大学等各级学校,也包括职业技术学校等各类学校,都应当开展应急知识教育,培养学生及教职工的安全意识和应急能力。中小学应当将有关突发事件的预防与应急措施、自救与互救知识作为学生的必修内容。高等学校应当根据学科和专业特点,对学生进行有关突发事件预防和应急救援知识的教育。学校应急知识教育要遵循学生身心发展规律,根据学生年龄的不同,把握学生认知特点,注重实践性、实用性和实效性。

教育主管部门需要高度重视应急知识教育,对学校开展应急知识教育进行指导和监督。一方面,要组织编写各级各类学校应急知识教育的教学大纲;另一方面,要加强对各级各类学校开设这类课程的情况、教学效果等进行督促、检查。对不按照规定开展应急知识教育的学校依法作出处理。

关联法规

《防震减灾法》第44条第3款;《未成年人保护法》第6条

第四十四条 【经费保障】各级人民政府应当将突发事件应对工作所需经费纳入本级预算,并加强资金管理,提高资金使用绩效。

条文注释

经费保障是应急准备的重要内容,突发事件发生后的应对需要雄厚的经费作为支撑。这种经费是为了迅速应对突发事件,维护社会稳定而以货币形态存在的、在突发事件发生后可立即投入使用的资金。我国应对突发事件的资金主要由三部分构成,即财政资金、社会捐助资金和商业及政策保险赔付资金。目前应对突发事件所需经费主要来自政府的财政拨款,有关突发事件应对的法律、行政法规也都明确规定了县级以上人民政府财政保证突发事件应对经费需求的职责。《预算法》第40条规定:"各级一般公共预算应当按照本级一般公共预算支出额的百分之一至百分之三设置预备费,用于当年预算执行中的自然灾害等突发事件处理增加的支出及其他难以预见的开支。"各级人民政府应当将突发事件应对工作所需经费纳入本级预算,保证突发事件后及时提供财政政策和资金保障,合理划分应急救灾财政事权和支出责任,加大应急经费投入,强化各类救灾资金统筹协调,规范支出范围,加强绩效管理,严肃财经纪律,确保应急经费保障反应迅速、管理规范、保障有力。

关联法规

《预算法》第40条

第四十五条 【国家应急物资储备保障】国家按照集中管理、统一调拨、平时服务、灾时应急、采储结合、节约高效的原则,建立健全应急物资储备保障制度,动态更新应急物资储备品种目录,完善重要应急物资的监管、生产、采购、储备、调拨和紧急配送体系,促进安全应急产业发展,优化产业布局。

国家储备物资品种目录、总体发展规划,由国务院发展改革部门会同国务院有关部门拟订。国务院应急管理等部门依据职责制定应急物资储备规划、品种目录,并组织实施。应急物资储备规划应当纳入国家储备总体发展规划。

条文注释

应急物资保障是国家应急管理体系和能力建设的重要内

容。2020年习近平总书记在中央全面深化改革委员会第十二次会议中强调,"要健全国家储备体系,科学调整储备的品类、规模、结构,提升储备效能"。储备是有目的地储存实物资产、金融资产或无形资产的行为。新形势下储备作为一种公共物品被提供,在具备安全性的同时要兼顾经济性。应急物资储备管理是应急体系中的一个重要组成部分,是指基于为突发事件提供有效的应急资源保障,而对应急储备物资进行筹措、储备、运输、配送等全流程的管理。建立应急物资储备保障制度,健全重要应急物资的监管、生产、采购、储备、调拨和紧急配送体系,目的是在面对突发事件发生时,能够在充分的物资保障条件下,有效应对各种紧急情况。没有充分的物资保障,就不可能具备应对各类突发事件的应急能力,更不可能及时控制、减轻和消除突发事件引起的严重社会危害。

本条规定分为两个方面:一是按照集中管理、统一调拨、平时服务、灾时应急、采储结合、节约高效等原则,建立健全应急物资储备保障制度;二是应急物资储备规划应当纳入国家储备总体发展规划。按照救灾实际需要,适当增加中央救灾物资储备种类,增大物资储量,基本建成统一指挥、规模适度、布局合理、功能齐全、反应迅速、运转高效、保障有力、符合国情的中央级救灾物资储备体系。以有效应对重特大突发事故为目标,分灾种、分层级、分区域开展各类应急物资的规模需求研究,科学确定并合理调整各级、各类应急物资的储备规模。

关联法规

《"十四五"应急物资保障规划》;《重大动物疫情应急条例》第41条

第四十六条 【地方应急物资储备保障】设区的市级以上人民政府和突发事件易发、多发地区的县级人民政府应当建立应急救援物资、生活必需品和应急处置装备的储备保障制度。

县级以上地方人民政府应当根据本地区的实际情况和突发事件应对工作的需要，依法与有条件的企业签订协议，保障应急救援物资、生活必需品和应急处置装备的生产、供给。有关企业应当根据协议，按照县级以上地方人民政府要求，进行应急救援物资、生活必需品和应急处置装备的生产、供给，并确保符合国家有关产品质量的标准和要求。

国家鼓励公民、法人和其他组织储备基本的应急自救物资和生活必需品。有关部门可以向社会公布相关物资、物品的储备指南和建议清单。

条文注释

从应急物资储备的主体和方式来看，主要包括中央储备、地方储备、市场储备和社会储备几种形式。各类应急物资实行分级负责、分级储备，中央和地方按照事权划分承担储备职责。根据应急管理的属地原则，地方层面亦根据本地的实际需要和能力，建立应急救援物资、生活必需品和应急处置装备的储备保障制度。应急物资储备的主体重点是设区的市级以上人民政府和突发事件易发、多发地区的县级人民政府。如此规定，一是考虑到应急物资储备需要投入大量财力，储备过多易导致闲置，设区的市级以上人民政府可就近灵活调配；二是县级及以下人民政府的财政负担能力有限，突发事件较少地区的人民政府不宜普遍进行应急物资储备。

应急物资储备包括实物储备与生产能力储备。实物储备是政府对已经生产出的用以应急的产品进行一定数量的储备，如应急救援物资、生活必需品和应急处置装备等。生产能力储备是指政府为应对潜在的突发事件，确定由一定生产能力的企业作为储备企业，通过签订协议等方式保障物资供应的储备方式。

相关人民政府应当根据突发事件特点、居民人口数量和分布等情况,按照布局合理、规模适度的原则,设立物资储备保障库。地方根据当地经济社会发展水平,结合区域突发事故特点和应急需求,在实物储备的基础上,开展企业协议代储、产能储备等多种方式的应急物资储备。在做好实物储备工作同时,还应当高度重视生产能力的储备,通过政府与有关企业签订合同的方式,要求企业在政府需要时按照合同的规定生产应急所需的物资。

另外,有关部门可以向社会公布相关物资、物品的储备指南和建议清单,鼓励公民、法人和其他组织储备基本的应急自救物资和生活必需品。

关联法规

《自然灾害救助条例》第 10 条

第四十七条 【应急运输保障】 国家建立健全应急运输保障体系,统筹铁路、公路、水运、民航、邮政、快递等运输和服务方式,制定应急运输保障方案,保障应急物资、装备和人员及时运输。

县级以上地方人民政府和有关主管部门应当根据国家应急运输保障方案,结合本地区实际做好应急调度和运力保障,确保运输通道和客货运枢纽畅通。

国家发挥社会力量在应急运输保障中的积极作用。社会力量参与突发事件应急运输保障,应当服从突发事件应急指挥机构的统一指挥。

条文注释

应急运输是应对突发事件,面对物资、人员等需求进行紧急保障的特殊物流活动。面对意外来袭,应急运输保障体系建设的重要性日益凸显。中共中央、国务院先后印发的《交通强国建设纲要》《国家综合立体交通网规划纲要》对建立健全综合交通应急管理体制机制、完善交通运输应急保障体系作出了明确部署,提出了具体要求。具体来说,建立健全应急运输保障体系,应统筹铁路、公路、水运、民航、管道、邮政、快递等基础设施建设,公路、铁路、民航、邮政等相关部门和单位,根据需要设立交通运输保障应急机构,负责本领域、本部门单位的交通运输保障应急工作。由于突发事件涉及面广,而且往往是相互交叉和关联的,易引发次生、衍生事件,因此,应急运输的种类繁多。县级以上地方人民政府和有关主管部门需要根据各类突发事件的性质和要求,配备相应的运输保障人员和装备,制定不同的应急运输保障方案。

应急运输保障体系应统筹公私合作,发挥社会力量在应急运输保障中的积极作用。应急运输中难以完全依赖一支完全专业化的救助队伍,还需要依靠社会动员机制实现保障目标。利用社会动员机制选择和掌握全社会力量中的各种专业运输资源,通过签订合作协议等方式明确其应急运输的权利、责任和义务,充分利用专业运输企业的运输力量,提高应急运输保障的效率与专业化水平。突发事件导致短时间内产生大量的应急运输需求,具体结合应急运输工作进展、时间、地点、运力需求的规模和要求吸纳社会力量参与。

关联法规

《公路法》第12条;《铁路安全管理条例》第6条;《道路运输条例》第31条;《交通运输突发事件应急管理规定》

第四十八条 【能源应急保障】国家建立健全能源应急保障体系,提高能源安全保障能力,确保受突发事件影响地区的能源供应。

条文注释

能源也称作能量资源,是指自然界中能为人类提供某种形式能量的物质资源。具体是指煤炭、石油、天然气、生物质能和电力、热力以及其他直接或者通过加工、转换而取得有用能的各种资源。能源安全是国家安全的重要组成部分,也是国家安全的关键保障。总体国家安全观背景下,国家安全统筹各类安全领域的协同发展。能源是社会发展的基础要素,能源安全已成为总体国家安全观的重要领域,能源安全的各项内涵也成为国家安全建设的重要目标。合理的能源储备和高效的能源应急机制是应对能源供应中断的最有效措施,是能源供应的"安全阀"。能源安全储备包括能源产品储备和能源资源储备。能源产品储备包括石油、天然气和铀产品等的储备。能源资源储备主要是政府根据国家能源战略的需要,在特定的能源矿区和能源基地内划定包括石油、天然气、天然铀、特殊和稀有煤种等资源的储备。

能源应急保障是实现能源安全的核心举措,贯穿能源安全的各环节。我国能源安全工作聚焦能源高效保供、安全生产等内容,需要能源应急管理实现稳定的应急保障。能源应急保障是在突发事件冲击这一特定情境下,通过能源资源优化配置与高效利用,提升系统对突发事件影响的预防、预警与处置能力,提供可靠的能源应急保障,减少能源系统受到的冲击破坏,以及提高突发事件冲击下能源系统恢复力。能源应急储备保障体系旨在维持一些能源供应短缺和社会突发事件影响下的应急供应保障问题。为有效应对各类突发事件,需要增强能源供应保障能力,提高能源系统保供灵活性,强化能源安全风险管控,保障能源安全。突发事件发生后,政府根据能源供应缺口大小启动相应级别应急响应。能源应急涉及利益主体较多,需要各地区、各部门实现多主体、多层级、多环节以及多层面的有效协同,保障能源短缺态势尽快得到控制。

关联法规

《节约能源法》第 2 条;《国家安全法》第 21 条

第四十九条 【应急通信保障】国家建立健全应急通信、应急广播保障体系,加强应急通信系统、应急广播系统建设,确保突发事件应对工作的通信、广播安全畅通。

条文注释

应急通信保障体系,是在突发紧急情况时,综合利用各种通信资源,保障救援、紧急救助和必要应急通信所需的通信手段和方法。2006年国务院出台《国家通信保障应急预案》,其目的是"建立健全国家通信保障和通信恢复应急工作机制,提高应对突发事件的组织指挥能力和应急处置能力,保证应急通信指挥调度工作迅速、高效、有序地进行,满足突发情况下通信保障和通信恢复工作的需要,确保通信的安全畅通"。应急广播是指在发生突发事件等应急状态下,政府通过广播、电视等媒体向公众提供防灾减灾等信息服务,从而做好舆论引导和信息发布工作的一种紧急手段。应急通信、应急广播是一种具有暂时性的、为应对自然或人为紧急情况而提供的保障体系。当发生突发事件,信息的及时沟通和交换,有利于政府及时作出决策,协调应对突发事件。通信系统主要包括有线通信系统和无线通信系统,承载语音、视频、数据等信息。有线通信系统以电信部门提供的网络为基础,无线通信系统采用卫星通信、数字集群、蜂窝移动、广播电视等通信手段。通信平台包括固定与移动电话、无线通信、传真、短信、可视与卫星电话、卫星定位等,并可以依托电子政务网络和公共信息网络等政府公共通信信息平台实现信息的交互。应急通信保障体系的建立健全及完善,需要由国家统筹安排,由有关部门具体组织实施,提高公众通信网络整体可靠性,增强应急信息覆盖能力。可以说,应急通信、应急广播保障体系是突发事件应对工作的神经网络。

关联法规

《气象法》第 26 条;《防洪法》第 43 条

第五十条 【突发事件卫生应急体系】国家建立健全突发事件卫生应急体系,组织开展突发事件中的医疗救治、卫生学调查处置和心理援助等卫生应急工作,有效控制和消除危害。

条文注释

突发事件分为四种门类,突发卫生事件是其中一种。行政机关应当根据突发事件应急预案的要求,保证应急设施、设备、救治药品和医疗器械等物资储备,有效组织开展突发事件中的医疗救治、卫生学调查处置和心理援助等卫生应急工作。2023年国家卫生健康委发布的《突发事件医疗应急工作管理办法(试行)》第10条规定,突发事件医疗应急处置遵循分级负责、属地管理为主的原则,地方各级卫生健康行政部门应当建立突发事件的应急响应机制,根据突发事件类型,启动应急响应,在属地党委和人民政府领导下,加强部门协同,完善应急力量,快速反应、高效应对各类突发事件,开展医疗救援。建立健全突发事件卫生应急体系,明确突发事件医疗应急工作机制与流程,规范、高效做好各类突发事件紧急医学救援,避免和减少人员伤亡,保障群众生命安全和身体健康。

关联法规

《医师法》第 32 条;《基本医疗卫生与健康促进法》第 19 条

第五十一条 【急救医疗服务网络】县级以上人民政府应当加强急救医疗服务网络的建设,配备相应的医疗救治物资、设施设备和人员,提高医疗卫生机构应对各类突发事件的救治能力。

条文注释

急救是一项公共服务,也是基本的民生保障。衡量急救医疗服务系统功效的重要指标是急救反应时间,这要求县级以上人民政府加强急救医疗服务网络的建设。急救医疗服务网络建设是一项系统性工程,应建立科学合理的急救网络,配备相应的医疗救治物资、设施设备和人员。加快推动急救指挥调度信息系统与通信、疾控、公安、交通、消防救援、应急管理等部门信息共享与联动,大力推进急救呼叫、救援过程、救护车行驶路线的地理位置定位等服务,持续优化急救医疗服务网络。

关联法规

《突发公共卫生事件应急条例》第17条

> **第五十二条 【社会力量支持】**国家鼓励公民、法人和其他组织为突发事件应对工作提供物资、资金、技术支持和捐赠。
>
> 接受捐赠的单位应当及时公开接受捐赠的情况和受赠财产的使用、管理情况,接受社会监督。

条文注释

本条并非强制性规范,而是一种倡导性规范。在突发事件频发的背景下,应急管理的物资、技术等面临更严峻的紧缺。党的十九届四中全会提出,要重视发挥第三次分配作用,发展慈善等社会公益事业。突发事件的应对,不能只依靠各级政府的力量,经验证明,广泛的公众支持和捐赠对有效应对突发事件是非常重要的。尤其是在应对重大、特别重大突发事件时,需要大量的物力、财力的投入,没有强大的社会支持将很难有效应对。国家给予正确的鼓励和引导,采取措施拓宽捐赠的渠道,加强对捐赠款物的监管,实行捐赠款物的使用信息公开,加强对捐赠的宣传倡导等,社会捐赠将在突发事件应对中发挥很大作用。

捐赠公开透明事关信任。接受捐赠的单位应当及时公开接受捐赠的情况和受赠财产的使用、管理情况,接受社会监督。《慈善法》第72条规定,为应对重大突发事件开展公开募捐的,应当及时分配或者使用募得款物,在应急处置与救援阶段至少每五日公开一次募得款物的接收情况,及时公开分配、使用情况。

关联法规

《公益事业捐赠法》第8条;《慈善法》第72条;《救灾捐赠管理办法》第2条

第五十三条 【红十字会与慈善组织的职责】红十字会在突发事件中,应当对伤病人员和其他受害者提供紧急救援和人道救助,并协助人民政府开展与其职责相关的其他人道主义服务活动。有关人民政府应当给予红十字会支持和资助,保障其依法参与应对突发事件。

慈善组织在发生重大突发事件时开展募捐和救助活动,应当在有关人民政府的统筹协调、有序引导下依法进行。有关人民政府应当通过提供必要的需求信息、政府购买服务等方式,对慈善组织参与应对突发事件、开展应急慈善活动予以支持。

条文注释

本条第1款是对红十字会服务于突发事件应对工作的规定。从国内外实践经验来看,红十字会组织在公共危机管理中发挥着重要的资源动员作用,是突发事件应对管理社会化的典型代表。中国红十字会是统一的红十字组织,是从事人道主义工作的社会救助团体。开展应急救护培训,对伤病人员和其他受害者提供紧急救援和人道救助,并协助人民政府开展与其职责相关的其他人道主义服务活动,普及应急救护、防灾避险和卫生健康知识,组织志愿者参与现场救护是《红十字会法》赋予各级红十字组织的重要职责,是践行以人民为中心的发展思想,推进健康中国建设的具体行动。红十字会救援救灾主要任务,包括建立健全红十字应急救援体系、制定突发事件应急预案、建立应急救援队伍、储备必要应急物资、提供紧急救援和人道救助。通过政策支撑与资源支持,切实加强红十字会的能力建设,使其成为政府应对突发事件的得力助手。

本条第2款是对慈善组织参与突发事件应对管理的要求与支持。有关人民政府引导慈善组织高效参与应急救援,并对其参与应对突发事件、开展应急慈善活动予以支持。发生重大突发事件需要迅速开展救助时,履行统一领导职责或者组织处置突发事件的人民政府应当依法建立协调机制,明确专门机构、人员,提供需求信息,及时有序引导慈善组织、志愿者等社会力量开展募捐和救助活动。《慈善法》第74条规定,县级以上人民政府及其有关部门应当为捐赠款物分配送达提供便利条件。乡级人民政府、街道办事处和村民委员会、居民委员会,应当为捐赠款物分配送达、信息统计等提供力所能及的帮助。

关联法规

《红十字会法》;《慈善法》第74条;《慈善组织公开募捐管理办法》

第五十四条 【应急救援资金、物资的管理】有关单位应当加强应急救援资金、物资的管理,提高使用效率。

任何单位和个人不得截留、挪用、私分或者变相私分应急救援资金、物资。

条文注释

应急救援资金、物资的管理遵循应急为先、注重绩效、公开透明、专款专用等原则,接受社会监督。单位应加强对资金、物资监管,不定期开展督查活动,发现问题及时纠正,并视情节轻重严肃处置。树立"救灾款就是高压线"的意识,切实管理好用好救灾资金,不得挤占、挪用、截留或扩大资金使用范围,否则将追究相应责任。严格按照财务制度有关规定拨付和使用应急救援资金,建立台账和财务档案。要制定定点、定项目、定人、定单位、定资金额度的资金使用方案,公示无异议后组织实施。确保应急救援资金、物资专款专用,用到真正有应急需要的地方。

关联法规

《防洪法》第52条

第五十五条 【国家发展保险事业】国家发展保险事业,建立政府支持、社会力量参与、市场化运作的巨灾风险保险体系,并鼓励单位和个人参加保险。

条文注释

保险是灾害保障的基本方式之一,核心诉求是建立市场化的灾害重建资金的积累机制。保险作为一种市场化的风险管理和社会互助机制,与经济社会发展各方面紧密联系,成为保障社会稳定运行、完善社会保障体系的重要力量。保险业是与突发事件关系密切的产业。我国每年因自然灾害和交通、生产等各类事故造成的人民生命财产损失巨大。发达的商业保险和政策保险可以使应对突发事件的资金更加充足,因此加快发展保险业,有利于应对灾害事故风险,保障人民生命财产安全和经济稳定运行。

巨灾保险是指通过保险的制度性安排,将因发生地震、台风、洪水等自然灾害造成的财产损失、人员伤亡风险,以保险形式进行风险分散和经济补偿,对提高防灾、减灾、抗灾、救灾能力具有积极作用。与其他保险相比,巨灾风险保险体系需要在一个更大范围内将风险分散。巨灾风险保险体系,是指对因发生地震、台风、海啸、洪水、龙卷风、冰雹、山体滑坡等自然灾害,可能造成巨大财产损失和严重人员伤亡的风险,通过保险形式,进行风险分散的制度安排。灾害种类多、分布地域广、发生频率高、造成损失重,地震、台风、洪水等风险给民众生命财产安全带来威胁。通过完善巨灾保险制度,有效分散巨灾风险,成为保护人民群众生命财产安全和国家安全的有力举措。

关联法规

《保险法》第104条;《防震减灾法》第45条;《防洪法》第47条第2款

> **第五十六条 【人才培养和科技赋能】**国家加强应急管理基础科学、重点行业领域关键核心技术的研究,加强互联网、云计算、大数据、人工智能等现代技术手段在突发事件应对工作中的应用,鼓励、扶持有条件的教学科研机构、企业培养应急管理人才和科技人才,研发、推广新技术、新材料、新设备和新工具,提高突发事件应对能力。

条文注释

2006年国务院《国家突发公共事件总体应急预案》提出,加强公共安全科学研究和技术开发,采用先进的监测、预测、预警、预防和应急处置技术及设施,充分发挥专家队伍和专业人员的作用,提高应对突发事件的科技水平和指挥能力,避免发生次生、衍生事件。

在突发事件应对中,应急管理专业人才扮演着重要的角色。应急管理工作需要加强专业人才培养与科技人才支撑。建立应急管理专业人才目录清单,拓展急需紧缺人才培育供给渠道,完善人才评价体系。实施应急管理科技领军人才和技术带头人培养工程。国家鼓励、扶持具备相应条件的教学科研机构、企业培养应急管理专门人才,加强人力资源的培养和训练,为应急管理提供充足的人力资源。

突发事件预防、监测、预警、应急处置与救援过程中需要科技赋能,聚焦突发事故防控基础问题,强化多学科交叉理论研究。开展重大自然灾害科学考察与调查。深化应用基础研究,研制先进适用装备,搭建科技创新平台,增强创新驱动的发展动能。新技术、新材料、新设备和新工具的应用能够大幅提高突发事件预防、监测、预警、应急处置与救援的水平和效率。有关的专门法律规定了鼓励、扶持关于应对突发事件的科学技术研究的条款。《防震减灾法》第11条第1款规定:"国家鼓励、支持防震减灾的科学技术研究,逐步提高防震减灾科学技术研究经费投入,推广先进的科学研究成果,加强国际合作与交流,提高防震减灾工作水平。"目前,国家中长期科学技术发展规划已经把公共安全技术作为一个重点作了安排。各有关部门要组织各领域的学者专家,根据应对各类突发事件的实际需要,有针对性地研发突发事件预防、监测、预警、应急处置与救援的新技术、新材料、新设备和新工具,提高应急处置装备、设备设施和工具的技术水平。

关联法规

《防震减灾法》第11条第1款

第五十七条 【专家咨询论证制度】县级以上人民政府及其有关部门应当建立健全突发事件专家咨询论证制度,发挥专业人员在突发事件应对工作中的作用。

条文注释

突发事件应对管理的专业性、技术性强,县级以上人民政府及其有关部门应当组织专家、专业咨询机构论证必要性、可行性、科学性等重点问题,充分发挥专家的咨询建议、技术指导作用。县级以上人民政府及其有关部门组织专家咨询论证,可以采取论证会、书面咨询、委托咨询论证等方式。选择专家、专业机构参与咨询论证,应坚持专业性、代表性和中立性,注重选择应急管理、安全生产、医疗卫生、法律等多元背景意见的专家、专业机构,不得选择与突发事件有直接利害关系的专业人员。县级以上人民政府及其有关部门应当对专家咨询论证意见汇总整理、研究论证，充分采纳合理意见，完善突发事件应对草案，并形成书面报告，专家论证意见应当作为有关部门决策的重要依据。县级以上人民政府及其有关部门应当通过适当方式向专家反馈论证意见采纳情况，视情况向社会公开专家信息和论证咨询意见。国务院《重大行政决策程序暂行条例》第19条第1款规定，对专业性、技术性较强的决策事项，决策承办单位应当组织专家、专业机构论证其必要性、可行性、科学性等，并提供必要保障。

关联法规

《重大行政决策程序暂行条例》第19条；《煤矿安全生产条例》第70条

第四章 监测与预警

第五十八条 【突发事件监测制度】国家建立健全突发事件监测制度。

县级以上人民政府及其有关部门应当根据自然灾害、事故灾难和公共卫生事件的种类和特点，建立健全基础信息数据库，完善监测网络，划分监测区域，确定监测点，明确监测项目，提供必要的设备、设施，配备专职或者兼职人员，对可能发生的突发事件进行监测。

条文注释

监测是预警和应急的基础。为有效地应对自然灾害、事故灾难、公共卫生事件等突发事件，必须及时掌握有关信息，对可能发生自然灾害、事故灾难、公共卫生事件的各种现象进行监测。监测的实质是查找、发现、识别和评估风险，为后续的防控措施提供客观依据。监测系统是一种对突发事件发生与发展进程中可能出现风险的及时监测与超前预警活动，是突发事件防控体系的基础,也是源头治理之关键。突发事件基础信息库,是指应对突发事件所必备的有关危险源、风险隐患、应急资源(物资储备、设备及应急队伍)、应急避难场所(分布、疏散路线和容纳人数等)、应急专家咨询、应急预案、突发事件案例等基础信息的数据库。本条明确规定要建立健全基础信息数据库,要求各级政府开展各类风险隐患、风险源、应急资源分布情况的调查并登记建档,为各类突发事件的监测预警和隐患治理提供基础信息。要统一数据库建设标准,实现基础信息的整合和资源共享,提高信息的使用效率。

完善监测网络系统,一是在完善现有气象、水文、地震、地质、海洋和环境等自然灾害监测网的基础上,适当增加监测密度提高技术装备;二是建立危险源、危险区域的实时监控系统和危险品跨区域流动动态监控系统;三是在完善省、市、县、乡、村五级公共卫生事件信息报告网络的同时,健全传染病和不明原因疾病、动植物疫情、植物病虫害和食品药品安全等公共卫生事件监测系统。无论哪一类突发事件的监测系统,都要加大监测设施、设备建设,配备专职或者兼职的监测人员。

关联法规

《防震减灾法》第11条第1款、第17条;《气象法》第27条;《防洪法》第31条;《传染病防治法》第17条

第五十九条 【统一的突发事件信息系统】国务院建立全国统一的突发事件信息系统。

县级以上地方人民政府应当建立或者确定本地区统一的突发事件信息系统,汇集、储存、分析、传输有关突发事件的信息,并与上级人民政府及其有关部门、下级人民政府及其有关部门、专业机构、监测网点和重点企业的突发事件信息系统实现互联互通,加强跨部门、跨地区的信息共享与情报合作。

条文注释

信息是贯穿突发事件全过程的关键要素,是政府应对工作的基础。建立统一的信息系统对突发事件的应对工作具有显著意义。突发事件来势凶猛,常使情势处在千钧一发的关头,及时掌控与了解突发事件的真实信息,是正确、及时进行预测、预警,快速进行处置和救援的基本前提。突发事件信息系统是指汇集、储存、分析、传输突发事件发生、发展情况的信息的网络和体系。当前,公安、水利、交通、地震、安全生产等重点部门和应急领域都建立了较为完善的信息系统。

根据本条规定,突发事件信息系统根据"分级设置、互联互通"的原则设置。"分级设置"是指县级以上各级人民政府均应设置统一的应急信息系统,作为本区域突发事件应对的信息中枢。建立全国统一的突发事件信息系统,首先要加快国务院应急信息系统建设,充分发挥这一枢纽工程在国家应急信息网络建设中的龙头带动作用,同时规范技术标准,完善、整合有关专业应急信息系统,规划、部署地方人民政府的信息系统建设,搭建以国务院应急信息平台为中心,以各省市应急信息平台为节点,上下贯通、左右衔接、互联互通、信息共享、互有侧重、互为支撑的信息网络体系。"互联互通"是指各级政府的突发事件信息系统应当与有关部门的信息系统交流共享、加强合作。同时,县级以上地方人民政府应当建立或者确定本地区统一的突发事件信息系统,并与有关部门、监测网点、单位的突发事件信息系统实现互联互通。

关联法规

《防震减灾法》第18条;《气象法》第27条;《科学技术进步法》第101条

第六十条 【信息收集制度】 县级以上人民政府及其有关部门、专业机构应当通过多种途径收集突发事件信息。

县级人民政府应当在居民委员会、村民委员会和有关单位建立专职或者兼职信息报告员制度。

公民、法人或者其他组织发现发生突发事件,或者发现可能发生突发事件的异常情况,应当立即向所在地人民政府、有关主管部门或者指定的专业机构报告。接到报告的单位应当按照规定立即核实处理,对于不属于其职责的,应当立即移送相关单位核实处理。

条文注释

本条规定了政府收集信息和社会公众报告信息两方面的责任和义务。第1款强调政府收集突发事件信息的途径应当多样化,建立完善的监测网络。目前我国已经建立起了比较完善的监测网络,政府和专业机构已有较多的途径收集各类突发事件信息。《气象法》第15条第1款规定,各级气象主管机构所属的气象台站,应当按照国务院气象主管机构的规定,进行气象探测并向有关气象主管机构汇交气象探测资料。未经上级气象主管机构批准,不得中止气象探测。政府及其有关部门、专业机构应当主动多渠道收集突发事件信息,充分利用监测网点、专门机构在收集突发事件信息中的主渠道作用;充分发挥主流媒体的优势和作用;注意从互联网上获取有关突发事件和社会热点问题的信息;地方各级人民政府、各有关部门网站建立开放的信息接报平台,接受社会公众的突发事件信息报告。

根据本条第2款的规定,县级人民政府应当在居民委员会、村民委员会和有关单位建立专职或者兼职信息报告员制度。信息报告员分为专职和兼职两类。专职信息报告员制度主要在技术性和专业性较强的领域建立。在其他领域,可设立兼职信息报告员。按照《安全生产法》的要求,矿山、建筑施工单位和危险物品的生产、经营、储存单位,应当设置安全生产管理机构或者配备专职安全生产管理人员。为确保信息报告渠道的畅通,乡镇、街道等基层人民政府需完善值班制度,实现应急信息报告的持续延伸。

根据本条第 3 款的规定,公民、法人或者其他组织有报告突发事件信息的义务。公民、法人和其他组织的报告义务,体现了信息报告义务主体的广泛性,是社会动员和参与机制在突发事件信息报告制度中的表现。例如《国家突发公共卫生事件应急预案》规定,任何单位和个人都有权向国务院卫生行政部门和地方各级人民政府及其有关部门报告突发公共卫生事件及其隐患,也有权向上级政府部门举报不履行或者不按照规定履行突发公共卫生事件应急处理职责的部门、单位及个人。另外,为充分调动公众报告的积极性,可适当建立信息报告激励制度。与此同时,接到报告的单位应当按照规定及时核实、处理并做好移送等相关工作。

关联法规

《气象法》第 15、16 条;《防震减灾法》第 26 条

第六十一条 【信息报送制度】 地方各级人民政府应当按照国家有关规定向上级人民政府报送突发事件信息。县级以上人民政府有关主管部门应当向本级人民政府相关部门通报突发事件信息,并报告上级人民政府主管部门。专业机构、监测网点和信息报告员应当及时向所在地人民政府及其有关主管部门报告突发事件信息。

有关单位和人员报送、报告突发事件信息,应当做到及时、客观、真实,不得迟报、谎报、瞒报、漏报,不得授意他人迟报、谎报、瞒报,不得阻碍他人报告。

条文注释

信息报送的责任主体是地方各级人民政府,也就是说,发生突发事件,地方各级人民政府都要按规定向上级人民政府报告,不能以有关部门报告代替政府工作报告,目的是强化政府的责任。本条规定不排除有关部门向上级有关部门报告突发事件信息的义务,但下级部门向上级部门报告突发事件信息,不能减轻政府的报告责任。为便于有关部门掌握突发事件信息,本条还规定,县级人民政府有关部门负有向本级人民政府相关部门通报突发事件信息的义务。专业机构、监测网点和信息报告员是最早接触、收集到相关信息的,因此他们负有把这些信息传递给当地政府及其有关部门的义务,为政府分析、决策提供充分的原始资料和客观依据。本条明确了信息报告的程序。按照本法规定,突发事件发生后,发生地县级人民政府应当立即向上一级人民政府报告,必要时可以越级上报。法律法规对特定突发事件信息报告程序有规定的,从其规定。关于信息报告的时限,本法没有作出具体规定,只规定"按照国家有关规定"。在实际操作中,国家有关规定一般包括法律、国务院和国务院有关部门的规定。

本条没有具体规定信息报送的内容,根据实践信息报告的要素应当包含时间、地点、信息来源、事件起因和性质、基本过程、已造成的后果、影响范围、事态发展趋势和已经采取的措施以及下一步工作计划和建议等。本条规定突发事件发生后,有关单位和人员报送、报告突发事件信息,应当及时、客观、真实。如果有关部门不能及时获得真实、准确的信息,将影响采取相应的有效措施予以应对和处置。

关联法规

《传染病防治法》第30条;《突发公共卫生事件应急条例》第19条;《国家突发公共事件总体应急预案》

第六十二条 【汇总分析突发事件隐患和预警信息】县级以上地方人民政府应当及时汇总分析突发事件隐患和监测信息,必要时组织相关部门、专业技术人员、专家学者进行会商,对发生突发事件的可能性及其可能造成的影响进行评估;认为可能发生重大或者特别重大突发事件的,应当立即向上级人民政府报告,并向上级人民政府有关部门、当地驻军和可能受到危害的毗邻或者相关地区的人民政府通报,及时采取预防措施。

条文注释

突发事件信息对于风险预防至关重要。突发事件隐患和监测信息是指容易引发自然灾害、事故灾难和公共卫生事件的危险源、危险状态、危险区域的信息。一般来说,信息报告与通报内容应包含时间、地点、原因、事件类别、人员伤亡情况、损失情况、影响范围、危险程度、发展趋势、潜在次生灾害、处置措施等要素。本条主要内容具体如下。

一是县级以上地方人民政府对突发事件信息的处理职责。县级以上地方人民政府应当对收集到的有关突发事件隐患和监测的信息及时进行汇总,并对这些信息进行分析,在汇总分析基础上,对发生突发事件的可能性及其可能造成的影响进行评估。

二是突发事件信息的会商、评估机制。在分析评估过程中,必要时组织相关部门、专业技术人员、专家学者进行会商。相关政府部门以及相关专业人员、技术人员可以通过自身专业方面的知识和经验,对突发事件的可能性及突发事件如果发生可能造成的影响提供专业性意见,供政府决策时考虑。

三是县级以上地方人民政府的信息报告和通报义务。在汇总分析阶段得出的结论,认为有可能发生的是重大或者特别重大的突发事件,意味着其发展态势将会迅猛,可能会造成严重的危害,在应急准备和处置救援方面需要在较大范围内由上级政府予以协调、支持,需要当地驻军的支援,因此必须立即向上级人民政府报告,并向当地驻军通报。对可能受到危害的毗邻或者相关地区的人民政府通报,督促及时采取预防措施。

关联法规

《传染病防治法》第30条

第六十三条 【突发事件预警制度】国家建立健全突发事件预警制度。

可以预警的自然灾害、事故灾难和公共卫生事件的预警级别,按照突发事件发生的紧急程度、发展势态和可能造成的危害程度分为一级、二级、三级和四级,分别用红色、橙色、黄色和蓝色标示,一级为最高级别。

预警级别的划分标准由国务院或者国务院确定的部门制定。

条文注释

"预警"一词最早源自军事,字面意思就是预先警告,后广泛应用于政治、经济、社会、自然等多个领域,核心含义是帮助有关部门了解事态的发展过程和及时采取应对措施。突发事件预警制度是指根据有关突发事件的预测信息和风险评估结果,依据突发事件可能造成的危害程度、紧急程度和发展态势,确定相应预警级别,标示预警颜色,并向社会发布相关信息的制度。预警是从常态管理转向应急管理的过渡期,预警机制不够健全将导致突发事件发生后的处置不及时。因而,预警制度呈现及时性、准确性、合法性、真实性等特点。建立健全预警制度的目的是及时向公众发布突发事件即将发生的信息,使公众为应对突发事件做好准备,并为行政机关采取应急措施提供合法性。

各类突发事件都应当建立健全预警制度,但应当建立预警级别的突发事件是自然灾害、事故灾难和公共卫生事件。考虑到社会安全事件的特殊性,未要求社会安全事件必须划分预警级别。对可以预警的突发事件,应当划分预警级别。预警级别根据突发事件发生的紧急程度、发展态势和可能造成的危害程度,分为四级,并分别用不同的颜色标示。在国际上,预警一般分为五级,如美国,依次用红色、橙色、黄色、蓝色和绿色标示。在我国实践中一般分为四级,分别用红色、橙色、黄色和蓝色标示。

本条授权由国务院或者国务院规定的部门制定预警级别的划分标准。以台风预警发布为例,根据《气象灾害预警信号发布与传播办法》规定,台风预警信号分四级,分别以蓝色、黄色、橙色和红色标示。

关联法规

《防震减灾法》第15条;《气象法》第32条;《传染病防治法》第20条

第六十四条 【警报信息发布、报告和通报】可以预警的自然灾害、事故灾难或者公共卫生事件即将发生或者发生的可能性增大时,县级以上地方人民政府应当根据有关法律、行政法规和国务院规定的权限和程序,发布相应级别的警报,决定并宣布有关地区进入预警期,同时向上一级人民政府报告,必要时可以越级上报;具备条件的,应当进行网络直报或者自动速报;同时向当地驻军和可能受到危害的毗邻或者相关地区的人民政府通报。

发布警报应当明确预警类别、级别、起始时间、可能影响的范围、警示事项、应当采取的措施、发布单位和发布时间等。

条文注释

本条首先明确了县级以上地方人民政府发布相应级别警报

的启动条件与程序。预警信息发布是应急预警的核心环节,包括接收警报、信息研判、授权发布等多项复杂工作。当可以预警的自然灾害、事故灾难或者公共卫生事件即将发生或者发生的可能性增大时,县级以上地方各级人民政府应当发布相应级别的警报,并宣布有关地区进入预警期。发布警报须根据有关的法律、行政法规和国务院规定的权限和程序。《防洪法》第41条第2款规定:"当江河、湖泊的水情接近保证水位或者安全流量,水库水位接近设计洪水位,或者防洪工程设施发生重大险情时,有关县级以上人民政府防汛指挥机构可以宣布进入紧急防汛期。"其次,县级以上人民政府在宣布有关地区进入预警期时,必须同时报告上一级人民政府,必要时可以越级上报。具备相应技术条件支撑的,应进行网络直报或者自动速报。再次,宣布有关地区进入预警期的县级以上地方人民政府,应当向当地驻军通报相关预警信息。宣布有关地区进入预警期的县级以上地方人民政府,应当向可能受到危害的毗邻或者相关地区人民政府通报相关预警信息。最后,本条还明确在发布警报时,有关部门应当明确预警类别、级别、起始时间、可能影响的范围、警示事项、应当采取的措施、发布单位和发布时间等要素。

关联法规

《防洪法》第41条;《传染病防治法》第19条

第六十五条 【预警信息发布要求】国家建立健全突发事件预警发布平台,按照有关规定及时、准确向社会发布突发事件预警信息。

广播、电视、报刊以及网络服务提供者、电信运营商应当按照国家有关规定,建立突发事件预警信息快速发布通道,及时、准确、无偿播发或者刊载突发事件预警信息。

公共场所和其他人员密集场所,应当指定专门人员负责突发事件预警信息接收和传播工作,做好相关设备、设施维护,确保突发事件预警信息及时、准确接收和传播。

条文注释

本条明确了三个主体的突发事件预警发布要求与义务:一是国家有关部门在突发事件预警发布平台及时、准确向社会发布的义务。二是广播、电视、报刊以及网络服务提供者、电信运营商按要求配合发布的义务。三是公共场所和其他人员密集场所专门人员接收、传播并做好相关设备、设施维护的义务。具体来看,本条规定旨在积极拓展突发事件预警发布渠道,健全预警发布平台。

建立一套权威、及时、有效、覆盖面广的国家突发事件预警信息发布平台,使公众迅速有效地从各种发布手段接收到各部门发布的预警信息,实现预警信息的定向发布,以及高效传输,公众可以提前做好应对准备。加快突发事件预警信息标准化衔接,做好综合监测预警系统与国家突发事件预警信息发布平台以及相关平台的有序对接,畅通广播、电视、报刊以及网络服务提供者、电信运营商的发布通道,督促及时、准确、无偿播发或者刊载突发事件预警信息。强化针对特定区域、特定人群、特定时间的精准发布能力,提升突发事件预警发布覆盖率、精准度和时效性。

关联法规

《疫苗管理法》第50条;《生物安全法》第41条

第六十六条 【三级、四级预警的应对措施】发布三级、四级警报,宣布进入预警期后,县级以上地方人民政府应当根据即将发生的突发事件的特点和可能造成的危害,采取下列措施:

（一）启动应急预案；

（二）责令有关部门、专业机构、监测网点和负有特定职责的人员及时收集、报告有关信息，向社会公布反映突发事件信息的渠道，加强对突发事件发生、发展情况的监测、预报和预警工作；

（三）组织有关部门和机构、专业技术人员、有关专家学者，随时对突发事件信息进行分析评估，预测发生突发事件可能性的大小、影响范围和强度以及可能发生的突发事件的级别；

（四）定时向社会发布与公众有关的突发事件预测信息和分析评估结果，并对相关信息的报道工作进行管理；

（五）及时按照有关规定向社会发布可能受到突发事件危害的警告，宣传避免、减轻危害的常识，公布咨询或者求助电话等联络方式和渠道。

条文注释

三级、四级预警是相对较低的预警级别。根据三级、四级警报所预警的突发事件的紧急程度、发展态势和可能造成的危害，本条规定了五项措施。发布预警级别后，预警工作的作用主要是及时、全面地收集、交流、沟通有关突发事件的信息，并在组织综合评估和分析判断的基础上，对突发事件可能出现的趋势和问题，由政府及其有关部门发布警报，决定和宣布进入预警期，并及时采取相应的措施，消除产生突发事件的各种因素，尽量避免突发事件的发生。发布三级、四级警报后，政府采取的主要是一些预防、警示、劝导性措施，目的是尽可能避免突发事件发生，或者提前做好充分准备，将损害减至最小。

关联法规

《海洋环境保护法》第28条

第六十七条 【一级、二级预警的应对措施】发布一级、二级警报,宣布进入预警期后,县级以上地方人民政府除采取本法第六十六条规定的措施外,还应当针对即将发生的突发事件的特点和可能造成的危害,采取下列一项或者多项措施:

(一)责令应急救援队伍、负有特定职责的人员进入待命状态,并动员后备人员做好参加应急救援和处置工作的准备;

(二)调集应急救援所需物资、设备、工具,准备应急设施和应急避难、封闭隔离、紧急医疗救治等场所,并确保其处于良好状态,随时可以投入正常使用;

(三)加强对重点单位、重要部位和重要基础设施的安全保卫,维护社会治安秩序;

(四)采取必要措施,确保交通、通信、供水、排水、供电、供气、供热、医疗卫生、广播电视、气象等公共设施的安全和正常运行;

(五)及时向社会发布有关采取特定措施避免或者减轻危害的建议、劝告;

(六)转移、疏散或者撤离易受突发事件危害的人员并予以妥善安置,转移重要财产;

(七)关闭或者限制使用易受突发事件危害的场所,控制或者限制容易导致危害扩大的公共场所的活动;

(八)法律、法规、规章规定的其他必要的防范性、保护性措施。

条文注释

一级、二级预警相对于三级、四级预警而言级别更高,突发事件即将发生的时间更为紧迫,事件发展态势已经一触即发,人民生命财产安全即将面临威胁。政府的应对管理措施主要是对即将面临的灾害、威胁、风险等做好早期应急准备,并实施具体的防范性、保护性措施,如预案实施、紧急保护、工程治理、搬迁撤离以及调用物资、设备、人员和占用场地等。发布一级、二级警报,宣布进入预警期,此时已处于突发事件可能发生的临界点。特别是发布一级警报,意味着应对突发事件进入最高警戒级别。县级以上地方人民政府除采取本法第66条规定的措施外,还应当针对即将发生的突发事件的特点和可能产生的危害,采取相应的措施,做好应急救援与处置的前期准备工作。综合来看,可采取的措施主要有八种,县级以上地方人民政府应结合突发事件的特点和可能造成的危害具体采取有关措施。

关联法规

《国家核应急预案》;《核电厂核事故应急管理条例》第20条

第六十八条 【重要商品和服务市场情况监测】 发布警报,宣布进入预警期后,县级以上人民政府应当对重要商品和服务市场情况加强监测,根据实际需要及时保障供应、稳定市场。必要时,国务院和省、自治区、直辖市人民政府可以按照《中华人民共和国价格法》等有关法律规定采取相应措施。

条文注释

本条明确了重要商品和服务市场情况的监测及应对措施。发布警报,宣布进入预警期后,县级以上人民政府应当科学有效地组织和规范重要商品和服务市场情况监测,保障监测数据的真实、及时和准确,发挥监测预警在宏观调控和突发事件应对管理中的重要作用。重要商品和服务市场情况监测预警,是指县级以上人民政府价格主管部门对重要商品和服务的价格、成本、市场供求等变动情况,进行跟踪、采集、调查、分析、预测、报告、发布及警示等活动。县级以上人民政府应当加强对价格监测预警工作的领导,健全价格监测预警体系,完善价格监测预警机制,配备相应的工作人员,保障所需工作经费。县级以上人民政府负责组织实施本行政区域内的监测预警工作,监测分析重要商品和服务市场情况走势以及相关成本和市场供求变动情况,跟踪重要经济政策措施在价格领域的反映,开展预测预警,发布监测信息。为及时保障供应、稳定市场,依法采取行政措施。

关联法规

《价格法》第1、30条;《网络安全法》第58条

> **第六十九条 【社会安全事件报告制度】** 对即将发生或者已经发生的社会安全事件,县级以上地方人民政府及其有关主管部门应当按照规定向上一级人民政府及其有关主管部门报告,必要时可以越级上报,具备条件的,应当进行网络直报或者自动速报。

条文注释

通常来说,社会安全事件一般具有群体性、利益性、突发性、渐进性、多变性、对抗性的特点,往往给政治稳定、社会稳定、经济安全以及人民群众生命、财产安全造成重大影响。因此,有必要建立快速反应、控制有力的处置机制。其中,建立健全社会安全事件的信息报告制度,完善社会矛盾纠纷预警工作机制,是及时、妥善预防和处置社会安全事件的重要环节。政府及其有关部门应当对社会安全事件情报信息做到早发现、早预警、早处置,严禁迟报、漏报、瞒报。按照统一领导、分级负责的工作要求,县级以上人民政府对即将发生或者已经发生的社会安全事件,应当立即向上一级人民政府报告,必要时可以越级上报。所谓必要时,是指事态发展到非常严重的时候,在此情况下地方人民政府及其主管部门可以越级上报,以利于有效地对突发事件进行处置。具备条件的,还应当进行网络直报或者自动速报。

关联法规

《防震减灾法》第52条;《网络安全法》第58条

第七十条 【预警调整和解除】发布突发事件警报的人民政府应当根据事态的发展,按照有关规定适时调整预警级别并重新发布。

有事实证明不可能发生突发事件或者危险已经解除的,发布警报的人民政府应当立即宣布解除警报,终止预警期,并解除已经采取的有关措施。

条文注释

突发事件预警制度应围绕正当性和有效性两方面加以实施。在应急预警阶段,预警级别的确定、警报的宣布和解除、预警期的开始和终止、有关措施的采取和解除,都与紧急危险等级及相应的紧急危险阶段保持一致。一旦突发事件的事态发展出现变化,以及有事实证明不可能发生突发事件或者危险已经解除的,发布突发事件警报的人民政府应当适时调整预警级别并重新发布,并立即宣布解除相应的预警警报,或者终止预警期,解除已经采取的有关措施。

突发事件的发生、演变、结束属于动态过程,预警应是一个分阶段、分层次的动态管理行为。政府在对有关突发事件隐患和预警信息进行汇总分析和评估之后,如果认为突发事件很有可能发生,应当依法发布警报,宣布有关地区进入预警期。但事态总是处于发展变化之中,发布突发事件警报的人民政府应当根据事态的发展适时调整预警级别并重新发布。有的时候,预警级别可能从较低级别转变为较高级别;也有的时候,预警级别可能从较高级别转变为较低级别;还有的时候,可能会出现突发事件已经不可能发生的情形。如果有事实证明不可能发生突发事件或者危险已经解除的,发布警报的人民政府应当立即宣布解除警报,终止预警期,并解除已经采取的有关措施。综上,必须强调有事实证明和遵循客观规律,而不能仅凭主观经验判断。

关联法规

《国家通信保障应急预案》;《气象法》第22条第2款

第五章　应急处置与救援

> 　　**第七十一条　【分级应急响应制度】**国家建立健全突发事件应急响应制度。
> 　　突发事件的应急响应级别,按照突发事件的性质、特点、可能造成的危害程度和影响范围等因素分为一级、二级、三级和四级,一级为最高级别。
> 　　突发事件应急响应级别划分标准由国务院或者国务院确定的部门制定。县级以上人民政府及其有关部门应当在突发事件应急预案中确定应急响应级别。

条文注释

　　本条的核心在于建立一个层级分明、反应迅速的国家级突发事件应急响应制度。这一制度的建构基于以往对突发事件处理经验的总结,意在通过法律手段确保相关部门在突发事件发生时能够依据预定的程序和级别进行响应。应急响应是出现紧急情况时采取的行动,是对突发事件采取的快速反应、有序救援,以减少损失的应急处置工作。换言之,应急响应是有关部门在接到预警信息或报警信息后,迅速作出反应,赶赴事发现场,开展先期处置的过程与步骤。应急响应坚持以人为本,减少危害;统一领导,分级负责;快速反应,协同应对;依法规范,加强管理等工作原则,主要工作包括响应分级标准、组织指挥体系、启动条件、响应措施、应对工作、响应联动、响应终止和后期工作。应急响应制度包括预警、动员、响应和恢复等多个环节,每个环节都需要具体的操作指南和流程。例如,预警系统需要能够在最短时间内准确评估事件的潜在影响,通过有效的通信网络迅速传达至所有相关单位及公众。动员阶段,必须确保所有救援资源在最短时间内得到调配和利用,响应措施要针对不同类型的突发事件有具体的应对策略,以确保行动的有效性和针对性。

突发事件的应急响应级别,按照突发事件的性质、特点、可能造成的危害程度和影响范围等因素分为一级、二级、三级和四级,一级为最高级别。本次修订在突发事件应急响应级别划分标准由国务院或者国务院确定的部门制定基础上,增加县级以上人民政府及其有关部门应当在突发事件应急预案中确定应急响应级别的规定。根据《国家突发公共事件总体应急预案》,特别重大或者重大突发事件发生后,各地区、各部门要立即报告,最迟不得超过4小时;事发地的省级人民政府或者国务院有关部门在报告特别重大、重大突发事件信息同时,要根据相关规定和权限启动相关应急预案,实施先期处置;对于先期处置未能有效控制事态的特别重大突发事件,要及时启动相关预案,由国务院相关应急指挥机构或国务院工作组统一指挥或指导有关地区、部门开展处置工作。

关联法规

《防震减灾法》第47条

第七十二条 【采取应急处置措施的要求】突发事件发生后,履行统一领导职责或者组织处置突发事件的人民政府应当针对其性质、特点、危害程度和影响范围等,立即启动应急响应,组织有关部门,调动应急救援队伍和社会力量,依照法律、法规、规章和应急预案的规定,采取应急处置措施,并向上级人民政府报告;必要时,可以设立现场指挥部,负责现场应急处置与救援,统一指挥进入突发事件现场的单位和个人。

启动应急响应,应当明确响应事项、级别、预计期限、应急处置措施等。

履行统一领导职责或者组织处置突发事件的人民政府,应当建立协调机制,提供需求信息,引导志愿服务组织和志愿者等社会力量及时有序参与应急处置与救援工作。

条文注释

突发事件发生后,履行统一领导职责或者组织处置突发事件的人民政府必须在第一时间组织各方面力量,依法及时采取有力措施控制事态发展,开展应急处置和救援工作,避免其发展为特别严重的事件。履行统一领导职责的人民政府,是指自然灾害、事故灾难、公共卫生事件发生后,统一领导应急处置工作的人民政府。组织处置突发事件的人民政府,是指处置社会安全事件的人民政府。应急处置措施,是指在突发事件发生后,为了迅速控制事态发展,减少人员伤亡、财产损失、环境破坏和社会影响而采取的紧急行动和措施。应急处置措施的目的是通过快速、有效的行动来稳定局势,减轻灾害的后果,恢复正常秩序。

本条第1款对于人民政府针对突发事件的要素判断强调了影响范围,体现了法律对于突发事件应对策略的细化和强化。此要求强调了对突发事件潜在影响的评估是启动应急响应的重要因素之一,确保应急响应的及时性和适应性。这一变化使得应急响应机制更加灵活和具体,能够根据实际情况调整响应级别和采取的措施。同时第1款对于履行统一领导职责或者组织处置突发事件的人民政府还明确了"向上级人民政府报告"的职责,其作用主要是加强信息上报和沟通机制,确保突发事件应对过程中各级政府之间的信息透明度和响应的协调一致性。这一变化强调了在处理突发事件时不仅要迅速行动,还要保证上下级政府间的有效沟通。

本条第2、3款对突发事件的应急响应流程和社会参与机制进行了明确和细化。第2款强调在启动应急响应时,必须明确响应事项、级别、预计期限和应急处置措施等关键信息,这是为了确保应急响应的具体性和可操作性,使每一个环节均有明确的指导和依据。通过规定具体的响应级别和预计期限,根据不同突发事件性质和紧急程度采取相应的措施,保证应急响应的及时性和有效性。同时,明确的应急处置措施可为执行人员提供清晰的操作指南,提高应急操作的准确性和效率。

第3款的内容则侧重于应急响应中的社会协调与合作,特别是对志愿服务组织和志愿者等社会力量的引导和利用。通过建立协调机制和提供需求信息,有效地整合和利用社会资源,尤其是在人力资源方面。这种系统的协调和信息共享机制,确保了各参与方能在有序的环境中发挥作用,增强社会力量在公共危机管理中的积极性和主动性。这两款新增内容将应急响应的具体操作规范化并强化社会协作的框架,旨在通过明确的指导和高效的协调,提升突发事件应对的整体效果和社会动员的广度与深度。

关联法规

《传染病防治法》第20条;《突发公共卫生事件应急条例》第11条;《自然灾害救助条例》第8条

第七十三条 【自然灾害、事故灾难或者公共卫生事件的应急处置措施】自然灾害、事故灾难或者公共卫生事件发生后,履行统一领导职责的人民政府应当采取下列一项或者多项应急处置措施:

(一)组织营救和救治受害人员,转移、疏散、撤离并妥善安置受到威胁的人员以及采取其他救助措施;

(二)迅速控制危险源,标明危险区域,封锁危险场所,划定警戒区,实行交通管制、限制人员流动、封闭管理以及其他控制措施；

（三）立即抢修被损坏的交通、通信、供水、排水、供电、供气、供热、医疗卫生、广播电视、气象等公共设施，向受到危害的人员提供避难场所和生活必需品，实施医疗救护和卫生防疫以及其他保障措施；

（四）禁止或者限制使用有关设备、设施，关闭或者限制使用有关场所，中止人员密集的活动或者可能导致危害扩大的生产经营活动以及采取其他保护措施；

（五）启用本级人民政府设置的财政预备费和储备的应急救援物资，必要时调用其他急需物资、设备、设施、工具；

（六）组织公民、法人和其他组织参加应急救援和处置工作，要求具有特定专长的人员提供服务；

（七）保障食品、饮用水、药品、燃料等基本生活必需品的供应；

（八）依法从严惩处囤积居奇、哄抬价格、牟取暴利、制假售假等扰乱市场秩序的行为，维护市场秩序；

（九）依法从严惩处哄抢财物、干扰破坏应急处置工作等扰乱社会秩序的行为，维护社会治安；

（十）开展生态环境应急监测，保护集中式饮用水水源地等环境敏感目标，控制和处置污染物；

（十一）采取防止发生次生、衍生事件的必要措施。

条文注释

本条规定的是自然灾害、事故灾难或者公共卫生事件发生后的应急处置措施。突发事件发生后，政府必须在第一时间组织各方面的力量，依法及时采取有力措施控制事态发展。究竟采取哪些应急措施，应当视具体情况而定。

第 1 项措施是救助性措施，主要是对公民人身的救助。第 2

项措施是控制性措施,主要是针对场所的强制。第3项措施是保障性措施。第4项措施是保护性措施。第5项措施是关于启用财政预备费的问题,预备费是最常规的应急手段。第6项措施是组织公民、法人和其他组织参加应急救援和处置工作,要求具有特定专长的人员提供服务。第7项措施是"保障食品、饮用水、药品、燃料等基本生活必需品的供应"。第8项措施是一种经济性管制应急措施,其目的是稳定市场价格,维护市场秩序。第9项措施是要求有关部门采取坚决、有效的措施,防止有人利用现场混乱之机趁火打劫、哄抢财物,维护社会治安,稳定社会秩序。

第10项措施是"开展生态环境应急监测,保护集中式饮用水水源地等环境敏感目标,控制和处置污染物"。这一措施反映了在应对自然灾害、事故灾害或公共卫生事件时,同时要兼顾环境、水源、生态的妥善处理,预防由于紧急响应措施可能带来的环境、水源污染问题,确保水源安全和环境健康,减少灾害的长远负面影响。不仅提高应急响应的有效性,也强化法律在环境保护和社会治理方面的综合应用,体现了对人民生命财产安全和生态环境双重保护的法律责任和行政职能。

第11项措施中的"次生事件",是指在突发事件的灾害链中由原生事件诱导的、第二次生成的、间接造成的事件。"衍生事件",是指由原生事件派生出来的、第三次生成的、因繁衍变化而发生的一系列事件。两者主要区别在于,与原生事件相比,衍生事件的发生机理有明显变化,而次生事件没有明显变化。

关联法规

《防震减灾法》第50、63条;《预算法》第40条;《消防法》第33条;《传染病防治法》第39~44条;《价格法》第30、31条;《突发公共卫生事件应急条例》第33、34条;《破坏性地震应急条例》第25~31条;《自然灾害救助条例》第14条

第五章　应急处置与救援

第七十四条　【社会安全事件的应急处置措施】社会安全事件发生后,组织处置工作的人民政府应当立即启动应急响应,组织有关部门针对事件的性质和特点,依照有关法律、行政法规和国家其他有关规定,采取下列一项或者多项应急处置措施:

(一)强制隔离使用器械相互对抗或者以暴力行为参与冲突的当事人,妥善解决现场纠纷和争端,控制事态发展;

(二)对特定区域内的建筑物、交通工具、设备、设施以及燃料、燃气、电力、水的供应进行控制;

(三)封锁有关场所、道路,查验现场人员的身份证件,限制有关公共场所内的活动;

(四)加强对易受冲击的核心机关和单位的警卫,在国家机关、军事机关、国家通讯社、广播电台、电视台、外国驻华使领馆等单位附近设置临时警戒线;

(五)法律、行政法规和国务院规定的其他必要措施。

条文注释

社会安全事件包括恐怖袭击、严重刑事案件、大规模群体性事件、重大公共卫生事件等,可以分为暴力型与非暴力型两种,均对国家安全、社会稳定、人们的生命财产安全造成重大影响。本条规定的是社会安全事件发生后人民政府启动应急响应并采取的应急处置措施。第1项措施是针对群体性事件等社会安全事件采取的措施;第2项措施是对重点设备设施的安全保护措施;第3项措施是在必要的时候实行现场管制;第4项措施是对核心机关和单位加强保护的规定;第5项措施是国家法律、行政法规和国务院规定中对应急措施作出的规定,在处置社会安全事件时可根据情况予以采取。其中,对于暴力型事件,必须以武装的强制手段加以平息,坚持以公安处置为主。对于非暴力型事件,则慎用强制措施,在化解、缓和矛盾上下功夫。

本条第2项中的"特定区域"是指在社会安全事件发生后,为了应急处置和控制事态发展而需要特别关注和采取措施的特定地理区域或场所。具体来说,特定区域包括但不限于以下几种情况:(1)事件发生地。直接发生社会安全事件的地点,如暴力冲突现场、恐怖袭击现场等。(2)事件影响区域。公司、住所、交通道路等。(3)关键基础设施。涉及供水、供电、燃气、交通等基础设施的区域,这些设施的正常运作对维持社会秩序和公共生活至关重要。(4)高风险区域。可能成为次生事件或进一步冲突的高风险区域,如大型公共活动场所、人员密集的商业区等。(5)敏感区域。需要特别保护的敏感区域,如行政机关、军事设施、重要媒体机构、外国使领馆等。

与2007年《突发事件应对法》相比,本条款减少了公安机关面对"严重危害社会治安秩序的事件发生时"采取强制性措施的内容,意味着立法机关意图强化法律主体对应急管理的整体性和多元性。这种变化反映出一个更广泛的视角,即在处理社会安全事件时,不仅要依赖于公安机关的直接介入,而且要通过更加综合的政府响应来确保秩序和安全。鼓励采用更多元化的应对策略,包括政治、社会、技术和法律手段等,从而减少单一警力介入带来的潜在风险。

关联法规

《人民武装警察法》第4条;《戒严法》第14、18条;《数据安全法》第23条

第七十五条 【突发事件严重影响国民经济正常运行的应急处置措施】发生突发事件,严重影响国民经济正常运行时,国务院或者国务院授权的有关主管部门可以采取保障、控制等必要的应急措施,保障人民群众的基本生活需要,最大限度地减轻突发事件的影响。

条文注释

本条规定的是对严重影响国民经济事件的应急处置措施。严重影响国民经济正常运行的突发事件,是指具有影响全国或某一局部区域的经济社会秩序稳定,妨碍国民经济正常运转,并对经济社会安全构成危险的经济类危机事件。常见的类型有银行挤兑、股市暴跌、金融机构破产、金融危机等。国民经济安全是现代国家安全的核心内容之一。我国确立以经济建设为中心的发展战略,经济安全当然也就成为国家安全的重点,具有相当重要的战略地位。在突发事件的发生可能会影响到国民经济的正常运行时,在没有法律、法规规定的情况下,为了保障人民群众的基本生活需要,最大限度地减轻突发事件的影响,规定了国务院或者国务院授权的有关主管部门可以采取保障、控制等必要的应急措施。应急措施包括但不限于实施物资调配、交通控制、价格监管、能源保供等行动,这些措施旨在保障受影响民众的基本生活需求和最大限度地减轻突发事件对国民经济和社会秩序的负面影响。

严重影响国民经济正常运行时,可以采取的应急措施很多,本条作了概括性规定。在实践中常见的应对措施有经济措施、行政措施等。为适应建立社会主义市场经济体制的需要,我国制定了银行、证券、保险、税收、外汇等经济方面的法律、法规,建立了各种经济调控措施和监管制度,规定了各种宏观调控时采取的措施。如调整税目税率、对金融机构提供流动性资金支持、启动支付系统的灾难备份系统、保证清算支付系统的正常运行、维护国际收支平衡等。发生突发事件时,国务院或者国务院授权的有关主管部门可以依法采取处置措施,以做好经济领域的应急处置工作,增强国民经济体系的抗击突发事件能力。

关联法规

《安全生产法》第40条;《税收征收管理法》第3条;《中国人民银行法》第23、32条;《水污染防治法》第78条;《外汇管理条

例》第 38 条

第七十六条 【应急救援征用、协作及帮扶制度】履行统一领导职责或者组织处置突发事件的人民政府及其有关部门,必要时可以向单位和个人征用应急救援所需设备、设施、场地、交通工具和其他物资,请求其他地方人民政府及其有关部门提供人力、物力、财力或者技术支援,要求生产、供应生活必需品和应急救援物资的企业组织生产、保证供给,要求提供医疗、交通等公共服务的组织提供相应的服务。

履行统一领导职责或者组织处置突发事件的人民政府和有关主管部门,应当组织协调运输经营单位,优先运送处置突发事件所需物资、设备、工具、应急救援人员和受到突发事件危害的人员。

履行统一领导职责或者组织处置突发事件的人民政府及其有关部门,应当为受突发事件影响无人照料的无民事行为能力人、限制民事行为能力人提供及时有效帮助;建立健全联系帮扶应急救援人员家庭制度,帮助解决实际困难。

条文注释

本条规定了在突发事件发生时,履行统一领导职责或者组织处置突发事件的人民政府及其有关部门拥有的应急权力和责任。此条明确了政府在应对重大突发事件中的协调和指挥作用,包括在必要时征用民间资源、请求跨地区支援,以及确保关键物资和服务的供应。具体涵盖了以下几个方面:

一是征用权。政府及其有关部门可以征用私人和企业的设备、设施、场地、交通工具和其他物资,以支持应急救援行动。这一措施确保了在关键时刻,必要的资源可以迅速调配到需要的地方。

二是协作请求。政府及其有关部门可以要求其他地方人民政府及其相关部门提供人力、物力、财力或技术支援。这种横向支援体现了国家应急管理体系的整体协作性,强调了各地区间的相互帮助和资源共享。

三是生产和供应保障。要求涉及生活必需品和应急救援物资生产、供应的企业加强组织生产和保证供给。这一点确保了在突发事件发生时,关键物资能够满足公众需求,防止出现供应短缺的情况。

四是优先运送。政府及相关部门将组织协调运输经营单位,优先运送处置突发事件所需的物资、设备、工具以及救援人员和受害人员。这一举措保证了救援行动的高效性和救援资源的及时到位。

本条第1款规定的"必要时"是指在突发事件应对过程中,根据实际情况和应急需求,当现有资源和能力不足以有效应对突发事件时,履行统一领导职责或者组织处置突发事件的人民政府及其有关部门可以采取特别措施,征用和调配额外的资源和力量。

本条的设定体现了政府在突发事件应对中的综合协调能力和资源调控能力,旨在通过法律授权保障应急响应的效率和效果,同时确保所有措施在法律框架内得以适当执行。为建立和完善突发事件应急处置的协作机制,明确各级政府及其相关部门的职责,从人、财、物等多个方面为突发事件应急工作提供支持。本法规定了各级政府及其相关部门、企业组织、公共服务组织、运输经营单位以及社会公众的支持、参与机制。需要把握以下四个方面:一是履行统一领导、组织各方面应急职责的主体是各级人民政府及其有关部门,与2007年《突发事件应对法》相比,本法扩大了履职主体范围,增加了"有关部门",体现履职主体的多元化;二是在突发事件应急工作中,中央政府和地方政府、地方政府与地方政府及其有关部门之间的相互支持、协作义务,有助于建立行政一体化的突发事件应急协作机制,使突发事件的应对工作更为有效;三是本条直接明确规定了特定组织的支持、配合义务,更加有利于政府应急处置工作的开展;四是参照大多数国家的立法规定,确立了应急物资和人员的优先通行制度,明确规定有关政府应当组织协调运输经营单位,优先运送处置突发事件所需物资、设备、工具、应急救援人员和受到突发事件危害的人员。

本条第3款强化了对特定弱势群体的保护以及对应急救援人员及其家庭的帮扶制度。这一新增条款体现了法律对于全面应急响应体系的深化和完善,特别是在关注那些在突发事件中可能无法保护自己的个体,以及确保那些参与救援工作的人员能得到适当的关怀和支持。该条款明确提出,在突发事件发生时,履行统一领导职责的政府及其相关部门需对影响中的无民事行为能力人和限制民事行为能力人提供"及时有效帮助"。这包括但不限于老年人、残疾人、儿童等社会成员,他们在灾害发生时可能更加脆弱,无法有效地保护自己或逃离危险。法律通过这一规定确保这些群体在紧急情况下能获得必要的救助和照顾,减少突发事件对他们的影响。法条还要求建立健全联系帮扶应急救援人员家庭的制度,这是对前线救援人员的重要支持。救援人员在应对突发事件中承担着巨大的风险和压力,他们的家庭也因此可能面临经济和情感上的困难。通过建立相应帮扶制度,可以帮助解决他们在后勤、经济和心理上的实际困难,提升救援人员的士气和工作效率,确保他们能够全心投入到救援工作中。该规定的内容不仅提升了法律对人道主义原则的遵循,还强化了应急管理系统的人文关怀,体现了对所有社会成员,特别是弱势群体和奋战在一线的救援人员的综合保护和支持。这种全面的法律规定有助于提升公众对应急管理能力的信任,增进社会稳定和谐。

关联法规

《宪法》第13条;《民法典》第117、327条;《防震减灾法》第

51、59、63条;《防洪法》第45条;《传染病防治法》第45条

> **第七十七条 【基层群众性自治组织应急救援职责】**突发事件发生地的居民委员会、村民委员会和其他组织应当按照当地人民政府的决定、命令,进行宣传动员,组织群众开展自救与互救,协助维护社会秩序;情况紧急的,应当立即组织群众开展自救与互救等先期处置工作。

条文注释

本条主要规定的是在突发事件发生时,居民委员会、村民委员会以及其他基层组织的具体职责和行动指南。首先,此类组织必须遵循当地人民政府的具体决定和命令,承担起宣传和动员的责任,确保居民了解如何有效应对突发事件。这包括教育居民如何进行自救和互救,以及如何维护事件发生期间的社会秩序。其次,在紧急情况下这些基层组织需要立即行动,不仅是继续推动自救和互救措施,还包括执行任何必要的先期处置措施以防止情况恶化。这样的规定确保了在政府更广泛的应急响应体系中,基层组织能够发挥关键作用,加速救援过程并最大限度地减少伤害和损失。本条目的是确保突发事件的初期处置得到快速有效的执行,同时利用基层组织的地理和社区优势,动员社区资源和力量,形成有效的应对突发事件的第一线反应力量。

本条提到的"其他组织"包括工会、共青团、妇联等群众人民团体。"情况紧急"是指在突发事件发生时,局势发展迅速且危及到人们生命财产安全,迫切需要立即采取行动的状态。在这种情况下,专业救援力量可能尚未到达,或需要一定时间才能到达现场,而此时如果不立即采取应急措施,可能会导致更大的损失或灾难。具体而言,情况紧急包括但不限于以下情形:

（1）自然灾害，如地震、洪水、台风等自然灾害突然来袭，造成严重的破坏，迫使居民需要立即撤离、避险或进行自救互救。

（2）事故灾难，如重大火灾、爆炸、建筑物倒塌等事故，迅速威胁到大量人员的生命安全，需要立即进行救援和疏散。

（3）公共卫生事件，如传染病疫情突然暴发，快速传播并威胁到公共健康，需要立即采取隔离、治疗和防疫措施。

（4）社会安全事件，如重大暴力事件、恐怖袭击等，现场局势失控，危及公共安全和社会秩序，需要立即进行控制和应对。

在这些紧急情况下，居民委员会、村民委员会和其他组织需要迅速反应，及时组织群众开展自救与互救，以尽可能减少人员伤亡和财产损失，并协助维持社会秩序，等待专业救援力量的到来。社会秩序是个体利益的集中体现，居民委员会、村民委员会和其他组织充分发挥在公众中的亲和力以及熟悉基层的优势，防范突发事件的升级与恶化。通过此种方式，基层组织能够在突发事件初期发挥重要的应急作用，保护人民群众的安全。

关联法规

《国防动员法》第47条；《地质灾害防治条例》第29条；《突发公共卫生事件应急条例》第40条

第七十八条　【突发事件发生地有关单位的应急救援职责】受到自然灾害危害或者发生事故灾难、公共卫生事件的单位，应当立即组织本单位应急救援队伍和工作人员营救受害人员，疏散、撤离、安置受到威胁的人员，控制危险源，标明危险区域，封锁危险场所，并采取其他防止危害扩大的必要措施，同时向所在地县级人民政府报告；对因本单位的问题引发的或者主体是本单位人员的社会安全事件，有关单位应当按照规定上报情况，并迅速派出负责人赶赴现场开展劝解、疏导工作。

第五章 应急处置与救援

> 突发事件发生地的其他单位应当服从人民政府发布的决定、命令，配合人民政府采取的应急处置措施，做好本单位的应急救援工作，并积极组织人员参加所在地的应急救援和处置工作。

条文注释

本条规定的是在自然灾害、事故灾难或公共卫生事件发生时，受影响单位的具体职责和行动指南。突发事件发生地有关单位是应急处置的"第一责任人"。事故单位的自我救援是突发事件应对的有效措施，事故单位是直接受害者，比政府及其他单位更清楚突发事件的具体情况。首先，任何遭受此类事件影响的单位都必须迅速动员自身的应急救援队伍和工作人员，执行以下几项关键任务：救助受伤或受威胁的人员、疏散和安置处于危险中的人员、控制和标识危险源以及封锁危险区域。其次，这些单位还需要采取一切必要措施以防止进一步的危害扩散。在紧急情况下这些单位还承担向地方政府报告的责任，确保上级政府及时了解情况并采取更广泛的应对措施。对于那些由本单位的活动或人员引起的社会安全事件，单位不仅需要立即向政府报告事件情况，还需要派出负责人到现场进行管理，包括劝解和疏导工作，以控制事态并防止事件升级。

本条第2款指出，其他单位在突发事件发生地也应遵从地方政府的决定和命令，积极配合政府采取的应急处置措施。这包括但不限于执行政府的疏散命令、提供救援设备和物资，以及参与地方的救援和处置活动，即具有协助、服从、配合应急处置措施的义务。这一规定确保了在突发事件发生时，除行政机关外所有受影响的其他单位都能够在第一时间内采取有效的应急响应措施，最大限度地保护单位的人民生命财产安全并协助维持社会秩序。

关联法规

《大气污染防治法》第20条;《矿山安全法》第36条;《破坏性地震应急条例》第31条;《特种设备安全监察条例》第66条第1款;《危险化学品安全管理条例》第51条

第七十九条 【突发事件发生地公民的义务】突发事件发生地的个人应当依法服从人民政府、居民委员会、村民委员会或者所属单位的指挥和安排,配合人民政府采取的应急处置措施,积极参加应急救援工作,协助维护社会秩序。

条文注释

本条规定的是突发事件发生时发生地公民必须履行的具体义务。主要内容包括公民需要依法服从人民政府、居民委员会、村民委员会或其所属单位的指挥和安排,确保在突发事件处理中有序的行动和决策的执行。与此同时,公民还应积极配合政府采取的各种应急处置措施,包括但不限于遵守安全指示、参与疏散和救援等。公民的这些行为对于迅速有效地控制突发事件的扩散、减轻损失及伤害具有重要意义。法律规定公民在应急响应中的角色和责任,既强化了公共安全意识,也提升了整个社会在面对危机时的凝聚力和应对能力。

参加救援是突发事件中公民义务的中心内容。公民还被鼓励积极参与应急救援工作,这不仅包括参与救援行动,还包括提供信息、帮助疏导其他公民等。公民应协助维护社会秩序,避免恐慌和混乱的情况发生,保障应急措施能够顺利实施。通过这些规定,法律确保了在突发事件发生时,每一位公民都能够明确自己的角色和责任,共同努力化解突发事件的负面影响。

关联法规

《突发公共卫生事件应急条例》第9条

第八十条 【加强城乡社区应急机制和信息功能】

国家支持城乡社区组织健全应急工作机制,强化城乡社区综合服务设施和信息平台应急功能,加强与突发事件信息系统数据共享,增强突发事件应急处置中保障群众基本生活和服务群众能力。

条文注释

本条中的"城乡社区"是指中国城市和乡村地区的基层群众性自治组织。城乡社区是社会的基本构成单元,承担着管理和服务居民的职责。本条规定的是国家在提升城乡社区应对突发事件能力方面的支持和措施。本条的核心在于通过建立和完善社区级别的应急工作机制,强化社区综合服务设施和信息平台的应急功能,来提高社区对突发事件的快速反应和处理能力。

具体而言,本条规定国家将支持城乡社区组织完善其应急响应和处理机制,这包括但不限于加强应急物资储备、改善应急避难场所、优化紧急医疗响应等。同时,条文强调加强社区综合服务设施的建设和提升,尤其是其在信息收集和发布方面的应急功能,这一点对于提高突发事件发生时的信息透明度和群众的自我保护意识至关重要。

本条还规定要加强社区与国家突发事件信息系统之间的数据共享,确保在发生突发事件时社区能够获取到最新、最准确的信息,并据此采取相应措施。此外,增强社区在突发事件应急处置中保障群众基本生活和服务的能力,是确保社区居民在突发事件中受到的影响最小化、快速恢复正常生活的关键。通过这些措施,本条旨在构建一个强大、高效的社区应急响应网络,使每个社区都能在突发事件发生时有效应对。

关联法规

《居民委员会组织法》第3条;《村民委员会组织法》第2、5条;《突发公共卫生事件应急条例》第40条

第八十一条 【心理健康服务工作】国家采取措施,加强心理健康服务体系和人才队伍建设,支持引导心理健康服务人员和社会工作者对受突发事件影响的各类人群开展心理健康教育、心理评估、心理疏导、心理危机干预、心理行为问题诊治等心理援助工作。

条文注释

本条规定的是国家聚焦于提升公共心理健康服务体系和相关人才队伍建设方面的行动与责任。此条的核心目的是通过国家层面的措施,增强心理健康服务能力,尤其是在突发事件发生后对受影响的各类人群提供必要的心理支持和干预。具体而言,国家将采取措施加强心理健康服务体系的建设,这包括扩大服务范围、提升服务质量和增强服务可达性。这种加强不仅提供基础的心理健康教育和普及,更包括心理评估、心理疏导、心理危机干预及相关的诊治服务,确保能够覆盖到需要这些服务的各类人群。

本条强调了对心理健康服务人员和社会工作者的支持与引导,这是因为这些专业人员在处理突发事件中产生的心理问题时发挥着至关重要的作用。国家支持的形式包括但不限于提供专业培训、增设岗位、改善工作条件和提高从业者待遇等,目的是构建一个稳定且专业的心理健康服务人才队伍。通过这些措施确保在突发事件发生时,受影响人群能够得到及时有效的心理援助,以帮助他们应对可能的心理压力和障碍,恢复正常的社会功能和生活秩序。

关联法规

《精神卫生法》第19、20、50条;《基本医疗卫生与健康促进法》第28条;《国家卫生计生委、中宣部、中央综治办等关于加强心理健康服务的指导意见》

第八十二条 【科学规范处置遗体及妥善管理遗物】对于突发事件遇难人员的遗体,应当按照法律和国家有关规定,科学规范处置,加强卫生防疫,维护逝者尊严。对于逝者的遗物应当妥善保管。

条文注释

本条规定的是处理突发事件中遇难者遗体时所需遵循的法律和规范要求,确保敏感和悲痛的情境下相关工作能够得到妥善和规范处置。本条的核心目的是维护遇难者的尊严,同时保护公共卫生安全,避免因处理不当造成更广泛的健康或社会问题。本条旨在确保在处理突发事件遇难者遗体和遗物的过程中,能够平衡人道关怀和公共安全的需要,并保护遇难者及其家属的合法权益。

根据规定,遇难者的遗体应当根据法律及国家相关规定进行科学和规范的处理,这包括确保遗体的处置过程中遵循适当的卫生和防疫措施,例如在传染病疫情或其他可能引起公共健康危机的情况下,采用正确的隔离和消毒程序。同时,强调了对遇难者遗物的妥善保管责任,要求有关部门及人员对遗留物品进行认真管理和保护,确保其不被损失或滥用。并且在可能的情况下,将这些遗物安全归还给遇难者家属。这不仅是对遇难者家属情感的尊重,也是法律责任和道德责任的应有之义。

关联法规

《医疗事故处理条例》第19条;《人体器官捐献和移植条例》第9、19条;《殡葬管理条例》第5、13条;《重大突发事件遇难人员遗体处置工作规程》

第八十三条 【信息的提供以及保密】县级以上人民政府及其有关部门根据突发事件应对工作需要,在履行法定职责所必需的范围和限度内,可以要求公民、法人和其他组织提供应急处置与救援需要的信息。公民、法人和其他组织应当予以提供,法律另有规定的除外。县级以上人民政府及其有关部门对获取的相关信息,应当严格保密,并依法保护公民的通信自由和通信秘密。

条文注释

　　本条针对突发事件中信息收集与保密的具体要求进行了规定。本条规定的"根据突发事件应对管理工作需要"是指在突发事件的处置过程中,政府及其有关部门为了实现有效的应急管理和救援工作,必须收集和掌握各种必要的信息,以支持决策、资源调配、风险评估、公众告知和协调合作等方面的工作。本条确立了在应对突发事件中,县级以上人民政府及其有关部门在履行法定职责时,可以要求公民、法人和其他组织提供应急处置与救援工作必需的信息。只要信息提供是出于应急处置与救援的需要,并且在法定职责所必需的范围和限度内,政府有权要求提供相关信息。这不仅提高了应对突发事件的效率,也确保了信息的及时收集,从而更有效地组织救援和应急响应。与此同时,本条强调了对信息的保密和合法运用的重要性。政府及其有关部门必须对获取的信息严格保密,只能在法律允许的范围内使用这些信息,且必须依法保护公民的通信自由和通信秘密。这意味着虽然政府可以要求提供信息,但必须严格遵守法律规定,防止信息的滥用或泄露,保护信息提供者的隐私和法律权益。这种平衡机制旨在确保突发事件的高效应对,同时维护公民、法人和其他组织的合法权益,防止紧急情况下的信息收集侵犯个人隐私。此规定有助于构建公众对应急处置措施的信任,并增强对个人权益的保护。

关联法规

《民法典》第111条;《个人信息保护法》第33、35条

> **第八十四条 【合法收集和保护个人信息】**在突发事件应急处置中,有关单位和个人因依照本法规定配合突发事件应对工作或者履行相关义务,需要获取他人个人信息的,应当依照法律规定的程序和方式取得并确保信息安全,不得非法收集、使用、加工、传输他人个人信息,不得非法买卖、提供或者公开他人个人信息。

条文注释

个人信息是指以电子或其他方式记录的能够单独或者与其他信息结合识别特定自然人身份或者反映特定自然人活动情况的各种信息。具体来说,个人信息包括但不限于以下几类:(1)身份信息。包括姓名、性别、年龄、出生日期、身份证号码、护照号码等能够直接识别个人身份的信息。(2)联系方式。包括电话号码、电子邮件地址、住址等可以用来联系到个人的信息。(3)财务信息。包括银行账号、信用卡号码、交易记录、收入情况等与个人财务相关的信息。(4)健康和医疗信息。包括个人的病历、健康状况、医疗记录、医疗保险信息等与健康相关的信息。(5)生物识别信息。包括指纹、面部识别数据、虹膜扫描数据、声纹等独特的生物特征信息。(6)网络身份识别信息。包括用户名、IP地址、电子邮箱账号、社交媒体账号等在网络环境中用于识别个人身份的信息。(7)位置数据。包括通过GPS、移动设备等获取的个人的位置信息。(8)其他能够识别个人的信息。任何其他能够单独或与其他信息结合识别特定自然人的信息,如教育背景、工作经历、婚姻状况、家庭成员信息等。上述定义符合一般法律和法规中对个人信息的界定,并适用于本条法规中

的"个人信息"范围。在突发事件应急处置中,获取和处理这些信息时,必须严格依照法律规定的程序和方式,确保信息的安全和合法使用,保护个人隐私权和信息安全。

本条针对突发事件应急处置中涉及的个人信息处理问题作了具体规定。该条的核心要点在于,在应对突发事件中相关单位和个人在需要使用他人个人信息时必须依法进行,严格按照法律规定的程序和方式来操作。通过这种规范要求条旨在构建一个安全、透明的信息处理环境,确保在紧急情况下个人信息的合法收集与使用,同时保护信息主体的基本权益,防止因应急管理需要而导致的个人信息权益非法侵犯。

值得注意的是,本条首先规定任何单位和个人在突发事件应急处置中,如果需要获取他人的个人信息以配合应急响应或履行其法定义务,须确保这一过程符合法律要求。这包括获取信息的合法性、必要性以及操作的正确性。只有在确保这些基本原则的前提下,才能进行个人信息的收集和使用。其次,明确禁止了非法收集、使用、加工、传输他人个人信息的行为。这包括对个人信息的买卖、提供或公开,这些在没有合法授权的情况下进行的行为,都属于法律严格禁止的情况。最后,本条还强调了信息安全的重要性,要求所有涉及个人信息的操作都必须采取适当的安全措施,防止信息泄露、丢失或被滥用。这一规定不仅保护了个人隐私权,也维护了信息安全,确保突发事件应对过程中信息处理的合法性。

关联法规

《个人信息保护法》第33条;《民法典》第1034、1035条

第八十五条 【个人信息合理使用和处理】因依法履行突发事件应对工作职责或者义务获取的个人信息,只能用于突发事件应对,并在突发事件应对工作结束后予以销毁。确因依法

> 作为证据使用或者调查评估需要留存或者延期销毁的,应当按照规定进行合法性、必要性、安全性评估,并采取相应保护和处理措施,严格依法使用。

条文注释

本条规定细化了在突发事件应对中获取个人信息的使用以及事后的保管、销毁处理,强调对个人隐私的保护以及信息的合法使用。本条规定旨在确保在应急管理过程中,个人信息的收集和使用严格限定于突发事件的应对之内,并在任务完成后进行妥善处理,以防止信息滥用和泄露。

突发事件结束后个人信息的处理步骤:

一是原则上予以销毁。当突发事件应对工作结束后,所获取的个人信息应当及时销毁。这包括删除电子记录、销毁纸质文件等。销毁过程应严格按照相关规定执行,确保信息无法被恢复或再利用。

二是例外情况保留、延期销毁。在某些情况下,个人信息可能需要依法保留而不能立即销毁。这些情况包括:(1)作为证据使用,如果个人信息涉及法律证据,需要在法律程序中使用,则可以依法保留。(2)调查评估需要,如果需要对突发事件进行调查和评估,个人信息可能需要延期销毁。

三是合法性、必要性、安全性评估。对于需要延期销毁或保留的个人信息,必须进行合法性、必要性和安全性评估。评估内容包括:(1)合法性,确保保留信息的行为符合法律法规的要求。(2)必要性,确认保留信息的必要性,确保信息保留是为了具体合法的目的。(3)安全性,采取必要的安全措施保护信息,防止信息泄露、篡改或非法使用。

四是相应保护和处理措施。对于依法需要保留的个人信息,必须采取相应的保护和处理措施。这些措施包括但不限于:

(1)数据加密,对信息进行加密处理,防止未经授权的访问。(2)访问控制,限制访问权限,仅授权人员可以访问和处理信息。(3)日志记录,记录访问和处理信息的操作日志,确保信息使用的可追溯性。(4)定期审查,定期审查保留信息的必要性和安全性,确保信息保护措施的有效性。(5)严格依法使用,在保留期间,个人信息必须严格按照法律法规的规定使用,任何使用行为都必须有明确的法律依据,未经授权不得擅自使用或披露信息。

本条规定始终贯穿了合法性、必要性、安全性原则,确保了信息处理的每一步都符合法定目的,防止滥用职权和任意行为。通过严格的程序和措施,保障了个人信息的合法使用和保护,体现了行政法的基本精神和要求。确保了个人信息在应急管理中的合理使用,同时强化对这些信息在法律允许范围外使用的严格限制,保障了公民的信息安全和隐私权益。如此既提升了公众对应急管理工作的信任,也增强了法律对个人信息保护的实施力度。

关联法规

《个人信息保护法》第47条;《网络安全法》第43条;《治安管理处罚法》第42条;《刑法》第253条之一

第六章 事后恢复与重建

第八十六条 【应急处置措施的停止】 突发事件的威胁和危害得到控制或者消除后,履行统一领导职责或者组织处置突发事件的人民政府应当宣布解除应急响应,停止执行依照本法规定采取的应急处置措施,同时采取或者继续实施必要措施,防止发生自然灾害、事故灾难、公共卫生事件的次生、衍生事件或者重新引发社会安全事件,组织受影响地区尽快恢复社会秩序。

条文注释

本条规定了突发事件威胁和危害得到控制或者消除后应急处置措施的停止和后续工作，两项均由履行统一领导职责或者组织处置突发事件的人民政府负责。具体来说，当突发事件的威胁和危害得到控制或者消除后，负责处置的人民政府应当宣布解除应急响应，停止执行依照法律规定采取的应急处置措施。应急处置措施的停止不等同于应急处置工作的终结。与此同时，需要采取或者继续实施必要的措施，以防止次生、衍生事件的发生或者重新引发社会安全事件。该条款的核心在于强调了突发事件处置后续阶段的重要性。政府仍然不能对突发事件所遗留下来的各种有害因素掉以轻心，既要避免危害的延续和变种，也要防止有害因素重新引发危机。尽管突发事件的威胁和危害得到控制，但仍需要采取必要的措施防止次生、衍生事件的发生。次生事件是指在突发事件的灾害链中，由原生事件诱导的、第二次生成的、间接造成的事件；衍生事件是指由原生事件派生出来的、第三次生成的、因繁衍变化而发生的一系列事件。在突发事件的威胁和危害得到控制或者消除后，原生型突发事件仍然有可能会转化为派生型突发事件。因此，政府必须采取或者继续实施防止发生次生、衍生事件的必要措施。通过采取必要措施，巩固采取应急处置措施的成果。同时也要确保受影响地区的社会秩序尽快恢复，为人民群众提供安全的生活环境。

本条中"必要的措施"指的是在突发事件主要威胁和危害得到控制或消除后，仍需采取或继续实施的行动，以防止次生、衍生事件或重新引发社会安全事件，并确保受影响地区尽快恢复正常的社会秩序。具体而言，这些措施包括但不限于以下几类：

（1）次生灾害防范措施。自然灾害后，防止发生次生灾害，如地震后的滑坡、泥石流等，需要进行地质监测、设立警戒区并安排紧急疏散方案。

（2）环境恢复和治理。事故灾难后的污染治理和环境恢复，如化学品泄漏后的污染物清理和环境监测,确保不再对周围环境和居民造成二次危害。

(3)公共卫生防控措施。在公共卫生事件后,继续实施疾病监测、疫苗接种、消毒和健康教育等措施,防止疾病的进一步传播或复发。

(4)社会安全稳定措施。加强社会治安管理,防止因突发事件引发的社会不安定因素,如组织力量维护公共秩序,加强对重点区域的巡逻和监控。

(5)基础设施修复和重建。尽快修复和重建受损的基础设施,如交通网络、电力供应、通信设施等,确保基本生活和生产条件恢复。

(6)心理疏导和社会支持。提供心理援助和社会支持服务,帮助受影响人员恢复正常生活,防止心理创伤引发的社会问题。

(7)法律和政策措施。制定和落实相关的法律和政策,保障事后恢复和重建工作的顺利进行,提供必要的法律支持和政策保障。

(8)资源调配和管理。继续合理调配救援物资和资源,确保资源供给能够满足恢复和重建的需要,同时防止物资短缺或浪费。

(9)信息公开和公众沟通。及时公开相关信息,与公众保持有效沟通,增强透明度,防止因信息不对称引发的社会恐慌或谣言传播。

关联法规

《治安管理处罚法》第50条;《环境保护法》第42、52条;《传染病防治法》第38条;《防洪法》第31、50条;《消防法》第42条;《水法》第42条;《突发公共卫生事件应急条例》第43条

第八十七条 【损失评估和组织恢复重建】突发事件应急处置工作结束后,履行统一领导职责的人民政府应当立即组织对突发事件造成的影响和损失进行调查评估,制定恢复重建计划,并向上一级人民政府报告。

受突发事件影响地区的人民政府应当及时组织和协调应急管理、卫生健康、公安、交通、铁路、民航、邮政、电信、建设、生态环境、水利、能源、广播电视等有关部门恢复社会秩序,尽快修复被损坏的交通、通信、供水、排水、供电、供气、供热、医疗卫生、水利、广播电视等公共设施。

条文注释

突发事件具有强烈的破坏性,会对正常的社会秩序造成极大的干扰和破坏。当突发事件消除或者被控制以后,政府应当运用强大的动员力和组织能力恢复与重建正常的生产、生活、工作和社会秩序。恢复重建计划由履行统一领导职责的人民政府制定,并向上一级人民政府报告。这是因为该人民政府对突发事件所造成的影响有更全面的认识与应对能力。上级人民政府在接收报告后,应当尽快进行审查并作出决定。"制定恢复重建计划,并向上一级人民政府报告"能够确保突发事件后的恢复重建工作有序、高效地进行。这一过程不仅有助于明确责任和任务,还能够确保资源的合理调配和使用,并获得上级政府的支持和协助,促进灾后重建工作的顺利开展和社会秩序的快速恢复。

本条规定的"造成的影响和损失进行调查和评估",是查清突发事件所造成的各种损失,这是确定重建措施与目标、制定恢复策略的前提。损失评估一般体现为物质损失评估、经济损失评估、社会损失评估、环境损失评估等内容。具体包括:一是统计在突发事件中死亡和受伤的人数、需要救援和安置的人数,并对遇难者的安葬工作、受伤人员的救治工作以及受灾人员的安置工作等进行必要的分析和评价。二是统计突发事件中各种设施、设备的损失情况,并对各种设施的紧急抢修工作进行分析和评价,为紧急抢修的安排和布置提供依据。三是统计公私财物的损失情况,统计突发事件造成的直接损失和间接损失。做好评估工作,应把握好及时、全面、客观等原则。

事后重建需要制定详细的计划,并认真予以落实。重建通常是指在突发事件发生后,重建灾区生活环境与社会环境并达到或者超过突发事件发生前的标准,尽快恢复被损坏的交通、通信、供水、排水、供电、供气、供热、医疗卫生、水利、广播电视等公共设施。这些公共设施工程均属于生命线工程系统。生命线工程联结千家万户,重建计划是实施整个恢复与重建的基本依据,是建立在对突发事件情况、经济社会条件及综合评估的基础上的科学规划与决策。一般根据突发事件造成的损失情况,分别制定事后恢复重建的近期、中期和远期建设计划。近期建设计划首先应保障灾民的基本生活需求,修建居民住房和其他最基本的配套设施,以保证人民群众尽快得到妥善安置。此外,应为这些群众开辟生活来源和就业渠道,以保证人民群众尽快恢复正常生活。在制定事后恢复重建的中、远期建设计划时,要综合考虑受害地区经济、社会、资源、环境的特点和实际情况。

关联法规

《防震减灾法》第68条;《国家突发公共事件总体应急预案》

第八十八条 【支援恢复重建】 受突发事件影响地区的人民政府开展恢复重建工作需要上一级人民政府支持的,可以向上一级人民政府提出请求。上一级人民政府应当根据受影响地区遭受的损失和实际情况,提供资金、物资支持和技术指导,组织协调其他地区和有关方面提供资金、物资和人力支援。

第六章 事后恢复与重建 119

条文注释

本条规定了在突发事件发生后,受影响地区的人民政府可以请求上一级人民政府的支持,以开展恢复重建工作。首先,我国实行的是属地管理为主的突发事件应对管理体制,但不排除上级政府及其有关部门对受突发事件影响地区工作的支持和指导,也不免除发生地之外的其他地区的协同义务。该条款明确了受影响地区的人民政府在开展恢复重建工作时,可以向上一级人民政府提出支持请求。"受突发事件影响地区"是指突发事件发生地以及其他受突发事件影响的毗邻或者相关地区。这一规定给予受影响地区的政府合法的途径和权力,确保在面临重大损失和挑战时,能够寻求更高层级的援助,保证恢复重建工作的顺利进行。

上一级人民政府在接到请求后,应当根据受影响地区遭受的损失和实际情况,提供相应的支持。这里的支持主要包括以下几个方面:一是资金支持。提供必要的财政援助,帮助受影响地区解决资金短缺问题,以开展紧急救援和恢复重建工作。二是物资支持。提供必要的救援物资和设备,如食品、饮用水、医疗用品、建筑材料等,确保基本生活和生产条件的恢复。三是技术指导。提供专业的技术支持和指导,如灾后评估、工程修复、环境治理、公共卫生防控等方面的专业知识和技术方案,帮助受影响地区科学有效地开展恢复重建工作。

该条强调了跨区域合作和资源调配的重要性,通过协调各方力量,共同支援受灾地区,加快恢复重建进程。这种支援不仅限于物质层面的援助,还包括人力资源的支援,如派遣专业技术人员、救援队伍等,提供直接的帮助和支持。

关联法规

《自然灾害救助条例》第4、19条;《防洪法》第50、51条

第八十九条 【善后工作】国务院根据受突发事件影响地区遭受损失的情况,制定扶持该地区有关行业发展的优惠政策。

受突发事件影响地区的人民政府应当根据本地区遭受的损失和采取应急处置措施的情况,制定救助、补偿、抚慰、抚恤、安置等善后工作计划并组织实施,妥善解决因处置突发事件引发的矛盾纠纷。

条文注释

本条规定了在突发事件发生后,国务院可以根据受灾地区遭受损失的情况,制定支持该地区行业发展的优惠政策。这些政策涉及税收、财政扶持等方面,旨在促进受灾地区的经济复苏和社会稳定。主要内容包括但不限于:(1)损失评估。需要对受灾地区的损失进行全面评估,包括经济损失、基础设施损坏、产业受损等方面。(2)优惠政策。根据评估结果,国务院将制定相应的扶持政策,这些政策可能包括税收减免、财政补贴、贷款优惠、产业振兴计划等,目的是帮助受灾地区恢复生产、重建经济。(3)行业支持。扶持政策不仅是经济上的支持,还包括技术援助、市场开拓等,帮助受影响行业恢复生产能力,提升竞争力,尽快恢复正常运营。

突发事件影响地区的人民政府应根据本地区遭受的损失和采取应急处置措施的情况,制定救助、补偿、抚慰、抚恤、安置等善后工作计划,并组织实施。地方政府善后工作。受突发事件影响地区的人民政府应根据本地区的损失情况和应急处置措施,制定并实施救助、补偿、抚慰、抚恤、安置等善后工作计划。这条规定明确了地方政府在善后工作中的具体职责,主要内容包括但不限于:(1)救助措施。提供紧急救援物资和服务,如食物、水、医疗用品、临时住所等,确保受灾群众的基本生活需求。确有困难的,由政府负担有关费用。(2)补偿和抚慰。对因突发事件受到损失的个人和企业进行经济补偿,提供心理抚慰和支持,帮助受灾群众和企业渡过难关。补偿主要是对财产征用及依法采取财产处分行为的补偿。抚慰是对受到突发事件影响的公众进行心理引导,帮助尽快摆脱心理紧张状态。(3)抚恤和安置。对因突发事件伤亡的人员及其家属进行抚恤,妥善安置受灾群众。安置,是指为突发事件影响而失去住所的人员提供居住场所,特别是无家可归者,给其提供长期居住解决方案。(4)矛盾纠纷解决。制定机制妥善解决因突发事件引发的矛盾纠纷,包括财产损失、劳动争议、家庭矛盾等。

国务院通过制定扶持政策,从宏观层面帮助受灾地区恢复经济和产业,提供必要的政策支持和经济优惠。地方人民政府则在微观层面,通过具体的救助、补偿、抚慰、抚恤、安置等措施,解决受灾群众的实际问题,确保社会的稳定和秩序的恢复。这两款规定明确了各级政府在突发事件善后处理中的具体职责和协作机制,通过国家和地方的共同努力,全面推进灾后恢复和重建工作。

该条款体现了国家对受突发事件影响地区的支持和关怀,通过制定优惠政策和实施善后工作,可以帮助受灾地区尽快恢复正常生产生活秩序,缓解受灾地区人民的困难,还有助于防止因突发事件引发的社会矛盾和纠纷,维护社会稳定。

关联法规

《防震减灾法》第63、73条;《自然灾害救助条例》第19条;《汶川地震灾后恢复重建条例》第53、54条

第九十条 【公民参加应急工作的权益保障】公民参加应急救援工作或者协助维护社会秩序期间,其所在单位应当保证其工资待遇和福利不变,并可以按照规定给予相应补助。

条文注释

本条规定了当公民参加应急救援工作或者协助维护社会秩

序期间的权益保障。具体包括如下：

（1）工资待遇和福利保障。公民在参加应急救援工作或协助维护社会秩序期间，其所在单位应当保证其工资待遇和福利不变。这意味着，在公民履行社会责任、参与救援或秩序维护时，他们的基本经济保障和福利待遇不应受到影响。这一规定保障了公民在积极参与应急救援时，不会因收入减少或福利损失而有所顾虑，鼓励更多的人参与到应急救援工作中。

（2）相应补助。条款规定所在单位可以按规定给予相应补助。这意味着，在确保工资和福利不变的基础上，公民可能还会根据具体情况获得额外的经济补助或奖励。补助的具体标准和方式应根据相关规定执行，可能包括交通补贴、加班费、风险补贴等，进一步激励和保障公民的参与。

（3）单位责任。本条款明确了所在单位的责任，即在公民参与应急救援或协助维护社会秩序期间，单位需继续支付工资和福利，同时提供必要的支持和补助。这不仅是对公民权益的保障，也是对单位的一种法定要求，确保单位能够理解和支持员工的社会责任行为。

（4）社会鼓励。通过明确工资待遇和福利不变以及给予相应补助的规定，本条款在法律层面上鼓励公民积极参与应急救援工作和社会秩序维护。这种法律保障和激励机制，有助于动员更多社会力量，提升应急救援的效率和效果。

本条通过对公民参与应急救援和社会秩序维护期间的权益保障，确保公民在履行社会责任时不会因经济损失而受到影响，并可能获得相应补助。这不仅有助于维护公民的基本权益，也鼓励更多的公民积极参与应急救援工作，从而提升全社会应对突发事件的能力和水平。本规定旨在保障公民在参与救援和维护社会秩序过程中的合法权益，鼓励更多的公民积极参与到应急救援工作中来。公民在面对突发事件时，能够更加积极地投入到应急救援、维护社会秩序等工作中，为事后恢复和社会稳定作出积极贡献。这有助于提高公民的责任感和社会凝聚力,增强全社会应对突发事件的能力。

关联法规

《民法典》第1005条;《工伤保险条例》第15条;《重大动物疫情应急条例》第7条

> **第九十一条 【落实保障政策】**县级以上人民政府对在应急救援工作中伤亡的人员依法落实工伤待遇、抚恤或者其他保障政策,并组织做好应急救援工作中致病人员的医疗救治工作。

条文注释

本条规定了应急救援工作中受伤或牺牲人员的待遇和保障。此规定体现了国家对参与救援工作的人员的关心和保护,对于在应急救援工作中受伤或牺牲人员,政府应依法给予工伤待遇和抚恤,确保其合法权益得到保障。同时,政府还应组织医疗救治工作,为在救援过程中受伤的人员提供及时有效的医疗服务,尽可能减少其损失。

本条明确了县级以上人民政府在应急救援工作中的责任,特别是对在救援过程中伤亡和致病人员的保障和救治。具体内容如下:

一是政府职责。县级以上人民政府负有组织和落实上述保障政策的职责。这不仅是对救援人员的关怀和保护,也是政府应尽的职责。通过明确政府的责任,确保在突发事件中参与救援的人员能够得到充分的保障和救助,体现了国家对公民生命健康和权益的高度重视。

二是工伤待遇和抚恤。对在应急救援工作中伤亡的人员,政府应当依法落实工伤待遇和抚恤政策。工伤待遇包括医疗费用报销、伤残补助、工伤保险等,确保受伤人员及其家属得到经济和医疗保障。抚恤政策则包括抚恤金发放、抚恤优待等,对因公殉职的救援人员家属提供必要的经济支持和关怀,保障其基本生活条件。

三是医疗救治。对应急救援工作中致病的人员,政府应组织做好医疗救治工作。这包括及时提供医疗服务、安排专门的医疗机构进行治疗、负担医疗费用等,确保致病人员得到及时、有效的医疗救治,尽快恢复健康。

四是其他保障政策。除了工伤待遇和抚恤外,政府还应落实其他保障政策。这可能包括但不限于生活补助、住房支持、教育资助等,确保伤亡人员及其家属在生活、教育等方面得到全面保障,减轻因突发事件带来的长期影响。

通过明确县级以上人民政府在应急救援工作中对伤亡和致病人员的工伤待遇、抚恤和医疗救治等保障措施,确保参与应急救援的人员及其家属在突发事件中得到全面的经济和医疗支持。这体现了对救援人员的尊重和关怀,增强了社会对应急救援工作的支持和信心,同时推动政府在突发事件应对中的责任落实。以上有利于激励更多人员参与应急救援工作,提高应急救援效率。

关联法规

《工伤保险条例》第15、17条

第九十二条 【查明原因并总结经验教训】 履行统一领导职责的人民政府在突发事件应对工作结束后,应当及时查明突发事件的发生经过和原因,总结突发事件应急处置工作的经验教训,制定改进措施,并向上一级人民政府提出报告。

条文注释

本条规定了在突发事件应对工作结束后,履行统一领导职责的人民政府应及时查明事件原因并总结经验教训,同时制定改进措施并向上一级人民政府报告。对事故灾难进行调查,是突发事件总结评估工作的一个重要方面。事故调查必须及时进行,要在规定的时间内完成调查工作。对突发事件进行调查,是总结评估工作的一个重要方面。《安全生产法》《消防法》等诸多单行法都对事故调查作了规定。国务院还颁布了多项有关调查处理工作的行政法规,如《生产安全事故报告和调查处理条例》《铁路交通事故应急救援和调查处理条例》等。事故调查报告应当包括下列内容:事故发生经过和救援情况,事故造成的人员伤亡和直接经济损失,事故发生的原因和事故性质,事故责任的认定以及对责任者的处理建议、防范和整改措施。事故调查必须及时进行,要在规定的时间内完成调查工作。《生产安全事故报告和调查处理条例》第29条规定,事故调查组应当自事故发生之日起60日内提交事故调查报告;特殊情况下,经负责事故调查的人民政府批准,提交事故调查报告的期限可以适当延长,但延长的期限最长不超过60日。

"查明事件经过和原因"是指履行统一领导职责的人民政府在突发事件发生后,应当迅速展开调查,查明事件的发生经过和具体原因。这一过程包括收集证据、分析数据、听取相关人员的陈述等,确保对事件有全面和深入的了解。这一步骤是防止类似事件再次发生的基础。"总结经验教训"是指在查明原因的基础上,政府当总结应急处置工作的经验和教训。通过分析应急响应过程中的有效做法和存在的问题,找出应急管理中的薄弱环节和改进空间。这一步骤有助于提升突发事件应对工作的效率和效果。"制定改进措施"是指根据总结的经验教训,政府制定具体的改进措施。这些措施可能包括完善应急预案、加强应急队伍建设、改进应急物资储备、提升公众应急教育和培训等,确保在未来的突发事件中能够更好地应对和处理。"向上一级人民政府报告"是指履行统一领导职责的人民政府应将突发事件的发生原因、调查结果、总结的经验教训以及制定的改进措施向上一级人民政府提出报告。这一要求确保了信息的上下传递和透明度,上级政府可以根据报告对下级政府的应急管理工作进行指导和监督,同时也可以将有价值的经验教训推广应用于更大范围内。

关联法规

《安全生产法》第73~76条;《矿山安全法》第37条;《消防法》第51条;《生产安全事故报告和调查处理条例》第19条;《铁路交通事故应急救援和调查处理条例》第16、26条

> **第九十三条 【审计监督】**突发事件应对工作中有关资金、物资的筹集、管理、分配、拨付和使用等情况,应当依法接受审计机关的审计监督。

条文注释

本条中的"审计机关"是指依照国家法律规定设立的、代表国家行使审计监督职权、依法对突发事件应对工作中涉及的资金和物资进行审计监督的国家机关。审计是由审计机关的专职机构和人员,依照国家法规、审计准则和会计理论,运用专门的方法,对被审计单位在突发事件应对工作中有关资金、物资的筹集、管理、分配、拨付和使用等情况的真实性、正确性、合规性、合法性、效益性进行审查和监督,评价经济责任,鉴证经济业务,用以维护财经法纪、改善经营管理、提高经济效益的一项独立性的经济监督活动。

本条规定了突发事件管理中的资金、物资需接受审计监督,还规定了在突发事件应对工作中有关资金和物资的筹集、管理、分配、拨付和使用等情况,必须依法接受审计机关的审计监督。具体包括如下:

第一,资金和物资的筹集。突发事件发生后,各级政府和相关单位需要迅速筹集应急资金和物资。这些资金和物资可能来自政府预算、社会捐赠、国际援助等多种渠道。在筹集过程中,必须遵守相关法律法规,确保来源合法透明。

第二,资金和物资的管理。筹集到的资金和物资需要进行严格管理,包括建立详细的管理台账、明确管理责任人、制定管理制度等。管理的目的是确保资金和物资的安全、有效和合理

第六章 事后恢复与重建

使用,避免浪费和贪污。

第三,资金和物资的分配和拨付。在突发事件应对过程中,资金和物资需要迅速分配和拨付到需要的地方。这要求制定科学合理的分配方案,确保分配过程公开、公正、透明,并且能够及时满足应急需求。

第四,资金和物资的使用。筹集到的资金和物资需要用于应急救援、灾后重建等方面。在使用过程中,必须确保所有支出都有合法的依据和完整的记录,使用结果能够最大限度地发挥效益,真正用于解决突发事件带来的问题。

第五,接受审计监督。法规明确规定,上述所有环节都必须依法接受审计机关的审计监督。审计监督的目的是确保这些资源的使用合法、合规、高效,防止和查处其中的违法违规行为,保障公共资源的安全和有效使用。

通过规定突发事件应对工作中资金和物资的筹集、管理、分配、拨付和使用必须接受审计监督,确保了公共资源在应急管理中的透明度和合法性。此规定的目的在于突发事件管理中资金、物资的使用公开透明、合法合规,防止浪费和滥用,保障资金、物资的有效利用。审计机关的监督可有效提高管理工作的透明度和效率,保障公众和各方利益。这不仅有助于提高突发事件应对工作的效率和效果,也增强公众对政府应急管理工作的信任。通过审计监督,及时发现和纠正管理中的问题,保障应急资源的合理和高效使用。

关联法规

《审计法》第3、18条;《预算法》第69条;《政府采购法》第68条

第九十四条 【档案管理】国家档案主管部门应当建立健全突发事件应对工作相关档案收集、整理、保护、利用工作机制。突发事件应对工作中形成的材料,应当按照国家规定归档,并向相关档案馆移交。

条文注释

本条规定中的"档案"是指在突发事件应对工作中形成的各种具有保存价值的文字、图表、声像、电子数据等不同形式的历史记录。这些档案是应急管理工作的重要资料，记录了突发事件应对过程中各个环节的工作情况、决策过程和实施效果。具体来说，档案主要包括以下几类：

(1) 应急预案。这包括制定的各类应急预案、预警方案和应急响应计划等文件。

(2) 应急响应记录。这包括突发事件发生后的应急响应过程记录，如启动应急预案的通知、应急指挥部的指令、应急救援行动的记录等。

(3) 救援工作报告。这包括各类救援工作总结报告、救援队伍的工作记录、救援物资的使用情况报告等。

(4) 损失评估和调查报告。这包括资金和物资使用记录：应急资金的筹集、拨付和使用记录，救援物资的采购、分配和使用情况记录等。

(5) 公共公告和媒体报道。这包括政府发布的公告、通知，媒体对突发事件的报道和评论等。

(6) 照片和视频资料。这包括突发事件现场的照片、视频记录，应急救援过程的影像资料等。

(7) 通信记录。这包括电子邮件、电话记录、传真文件、短信和即时通信记录、会议记录、信函等多种形式的沟通资料。

(8) 法律文件。这包括与突发事件应对相关的法律法规、政策文件、规章制度等。

这些记录在突发事件应对过程中起到关键作用，确保信息传递的及时性、准确性和可追溯性。通过收集和保存这些档案记录，能够为应急管理工作提供全面、详细的历史资料，有助于总结经验教训、改进应急预案和提升应急处置能力。

本条规定是为了建立健全突发事件管理工作相关档案管理

机制。突发事件档案管理工作应当遵循统一领导、分级管理、分类实施、统筹协作的工作原则,维护档案完整与安全,推动档案利用与开发,为经济社会发展和突发事件应对活动提供文献参考和决策支持。具体来说,突发事件应对工作中产生的文件资料,应按照国家规定进行归档,并移交给相关档案馆。这一规定旨在保障突发事件管理工作相关档案的完整性和准确性,为后续的管理、研究提供可靠的资料基础,同时体现了对信息的合理利用和保护。具体工作机制主要包括:

一是健全档案管理机制。国家档案主管部门应当建立健全突发事件应对工作相关档案的收集、整理、保护和利用工作机制。这意味着档案主管部门需要制定和完善一整套管理制度和流程,以确保突发事件应对过程中产生的各种档案材料能够得到有效管理和利用。具体措施可能包括制定档案管理规范、建立档案信息系统、培训档案管理人员等。

二是档案材料的收集和整理。在突发事件应对工作中,形成的各种材料都应当按照国家规定进行归档。这些材料包括但不限于应急预案、应急响应记录、救援工作报告、资金和物资使用记录、公众公告、媒体报道、照片和视频等。通过系统的收集和整理,确保所有重要信息和文件都得到妥善保存。

三是档案材料的保护。归档后的材料需要进行妥善保护,防止因自然灾害、人为破坏、技术故障等原因造成档案损坏或丢失。保护措施可能包括建立安全的档案存储环境、采用数字化技术备份档案、定期检查和维护档案等,以确保档案的长期保存和安全。

四是档案材料的利用。档案不仅是记录和保存的信息资源,还应当能够被有效利用。相关档案馆需要建立档案利用机制,方便政府部门、研究机构、社会公众在合法合规的前提下查询和利用档案材料,以支持突发事件应对的研究、政策制定、公共教育等工作。

五是向相关档案馆移交。突发事件应对工作中形成的材料,应当按照国家规定归档,并向相关档案馆移交。这意味着有关部门和其他相关单位在突发事件应对过程中形成的档案材料,最终都需要移交给指定的档案馆进行集中管理。这有助于保证档案的系统性和完整性,方便后续的查阅和利用。

关联法规

《刑法》第329条;《档案法》第5、10、13条;《突发公共卫生事件应急条例》第10条;《重大活动和突发事件档案管理办法》第1条

第七章 法 律 责 任

第九十五条 【政府及有关部门不正确履行法定职责的法律责任】 地方各级人民政府和县级以上人民政府有关部门违反本法规定,不履行或者不正确履行法定职责的,由其上级行政机关责令改正;有下列情形之一,由有关机关综合考虑突发事件发生的原因、后果、应对处置情况、行为人过错等因素,对负有责任的领导人员和直接责任人员依法给予处分:

(一)未按照规定采取预防措施,导致发生突发事件,或者未采取必要的防范措施,导致发生次生、衍生事件的;

(二)迟报、谎报、瞒报、漏报或者授意他人迟报、谎报、瞒报以及阻碍他人报告有关突发事件的信息,或者通报、报送、公布虚假信息,造成后果的;

(三)未按照规定及时发布突发事件警报、采取预警期的措施,导致损害发生的;

(四)未按照规定及时采取措施处置突发事件或者处置不

当,造成后果的;

(五)违反法律规定采取应对措施,侵犯公民生命健康权益的;

(六)不服从上级人民政府对突发事件应急处置工作的统一领导、指挥和协调的;

(七)未及时组织开展生产自救、恢复重建等善后工作的;

(八)截留、挪用、私分或者变相私分应急救援资金、物资的;

(九)不及时归还征用的单位和个人的财产,或者对被征用财产的单位和个人不按照规定给予补偿的。

条文注释

"地方各级人民政府"是指从乡镇一级到省一级地方各级人民政府。"县级以上各级人民政府有关部门"是指县级、市级、省级政府有关部门和国务院有关部门。"负有责任的领导人员"是指在行政机关实施的违法行为中起决定、批准、授意、纵容、指挥等作用的人员,一般是行政机关的主要负责人。"直接责任人员"是指具体实施违法行为的其他人员,可以是单位的管理人员或者其他工作人员。根据《公务员法》第62条和《行政机关公务员处分条例》第6条的规定,处分分为警告、记过、记大过、降级、撤职、开除。给予的处分由任免机关或者监察机关按照管理权限决定。追究行政责任的机关有两个:一是上级行政机关;二是监察机关等有关机关。处理的方式是责令改正,这是一种补救性的行政责任形式,即要求有不履行法定职责或不正确履行职责行为的地方各级人民政府和县级以上各级人民政府有关部门改正其违法行为,履行本法规定的各项职责。

本条主要通过规定九项具体情形来认定及追究地方各级人民政府和县级以上各级人民政府有关部门的行政责任。这种行政责任针对政府与工作人员两类对象,其中对工作人员的主要体现为行政处分的方式,是对地方各级人民政府和县级以上人民政府任职的领导人员和直接责任人员给予的制裁性处理。具体缘由是不履行法定职责或不正确履行法定职责,这些情形的设定体现追究政府及其有关部门法律责任的必要性,是基于保障公共安全和社会稳定所确立的归责标准。

第一,未按规定采取预防措施或防范措施导致突发事件或次生、衍生事件的发生,直接表明了在风险管理和预防机制方面的严重疏漏,这不仅会造成巨大的生命财产损失,还会影响公众对政府的信任。因此,明确追责可以强化预防意识,确保各级政府严格执行风险防控措施。

第二,信息报告的及时性和准确性是应急管理的基础。如果出现迟报、谎报、瞒报、漏报以及阻碍他人报告或传播虚假信息等行为,将直接影响应急响应的效率和效果,可能导致事态的进一步恶化。明确对这些行为的法律责任,可以促使相关部门如实、及时地报告信息,保障应急处置的顺利进行。

第三,及时发布突发事件警报和采取预警措施,能够有效减轻灾害影响。如果未按规定及时发布警报或采取预警措施,导致公众未能及时采取防范行动而造成损害,必须追责,以督促相关部门加强预警机制建设,提升预警信息发布的及时性和准确性。

第四,在突发事件发生后,及时、有效的应急处置措施是控制事态、减少损失的关键。如果未能及时采取措施或处置不当,导致事态恶化或损失增加,应当追究相关责任,以确保应急处置工作的规范化和高效化。

第五,违反法律规定采取应对措施,损害公民生命健康等人格权益,不仅违反了基本的法律原则,还会激化社会矛盾,损害政府公信力。明确对这些行为的法律责任,有助于保障公民的合法权益,确保应急管理工作依法进行。

第六,应急处置工作需要统一的指挥和协调。如果不服从上级政府的统一领导和指挥,可能导致应急资源的浪费和应急行动的失控,影响应急处置的整体效果。因此,对不服从统一指挥的行为进行追责,可以确保应急处置的协调性和有效性。

第七,突发事件后的恢复重建工作,关系到社会秩序的恢复和经济的正常运行。未及时开展善后工作,可能会延长灾害影响时间,增加社会不稳定因素。通过追责,促使相关部门迅速、有序地开展恢复重建工作,保障社会的快速恢复。

第八,截留、挪用、私分应急救援资金、物资的行为,严重侵害了公共利益,影响救援工作和灾后重建进度,必须予以严厉追责,确保救援资源的透明管理和合理使用。

第九,在突发事件应对中政府有权依法征用单位和个人的财产,但必须及时归还或按规定给予补偿。如果不及时归还或不按规定补偿,将损害被征用者的合法权益,容易激化矛盾,影响社会和谐。因此,明确追责可以保障被征用者的合法权益,秉持依法征用的要求。

关联法规

《防震减灾法》第90条;《气象法》第40条;《防洪法》第64条;《安全生产法》第92条;《消防法》第71条;《传染病防治法》第65~69条;《公务员法》第57条;《行政机关公务员处分条例》第20条

第九十六条 【有关单位的法律责任】有关单位有下列情形之一,由所在地履行统一领导职责的人民政府有关部门责令停产停业,暂扣或者吊销许可证件,并处五万元以上二十万元以下的罚款;情节特别严重的,并处二十万元以上一百万元以下的罚款:

(一)未按照规定采取预防措施,导致发生较大以上突发事件的;

（二）未及时消除已发现的可能引发突发事件的隐患,导致发生较大以上突发事件的;

（三）未做好应急物资储备和应急设备、设施日常维护、检测工作,导致发生较大以上突发事件或者突发事件危害扩大的;

（四）突发事件发生后,不及时组织开展应急救援工作,造成严重后果的。

其他法律对前款行为规定了处罚的,依照较重的规定处罚。

条文注释

突发事件发生之后,应急管理工作职责并不完全归属于政府及有关部门,其他有关单位也必须履行一定职责。"有关单位"是一个广义的概念,包括突发事件可能涉及的一切法人或者其他组织,主要是容易引发突发事件和容易受突发事件影响的经营生产单位和管理单位,包括矿山、金属冶炼、建筑施工单位和易燃易爆物品、危险化学品、放射性物品等危险物品的生产、经营、储运、使用单位,公共交通工具、公共场所和其他人员密集场所的经营单位或者管理单位,受到自然灾害危害或者发生事故灾难、公共卫生事件的单位等。突发事件应对工作涉及社会的各个方面,本法对单位的职责与义务不可能作详细列举,只对具有共性的责任作了规定。单位的具体责任由有关的专门法律,如《传染病防治法》《安全生产法》等规定。

针对第1款第1项,如果单位未按规定采取必要的预防措施,导致发生较大以上的突发事件,表明在风险防控和预防方面存在重大疏漏,直接威胁公共安全。对于这种行为,应依法追究责任,确保各单位严格履行预防义务。

针对第1款第2项,如果单位未能及时消除已发现的安全隐患,导致较大以上突发事件的发生,说明单位在隐患排查和整改方面存在严重问题。对于这种疏忽,需依法严肃处理,确保隐患排查和整改工作的落实。

针对第1款第3项,如果单位未做好应急物资储备和应急设备、设施的日常维护、检测工作,导致突发事件发生或危害扩大,表明在应急准备和设备管理方面存在严重不足。对于这种失职行为,应依法严惩,确保应急准备工作的到位。

针对第1款第4项,如果单位在突发事件发生后,未能及时组织应急救援工作,导致严重后果,表明单位在应急响应和救援组织方面存在重大失误。对于这种行为,需依法追究责任,确保应急救援工作的及时性和有效性。

其他法律对前款行为规定了处罚的,依照较重的规定处罚,其他法律对上述行为规定了更重的处罚,则应按照较重的规定执行。这确保了法律处罚的一致性和严肃性,强化了法律的威慑力。

本条明确了有关单位在突发事件应对中的四种违法行为,并规定相应的处罚措施。这些规定督促单位严格履行预防、排查隐患、应急准备和应急响应的职责,维护公共安全和社会稳定。对于违反规定的单位,依法追究其责任,确保突发事件应对管理工作的有效实施。依本条规定,有关单位承担的行政法律责任有罚款、责令停产停业、暂扣或者吊销许可证或者营业执照。

关联法规

《气象法》第36条;《安全生产法》第98、99条;《消防法》第58条;《矿山安全法》第40条;《破坏性地震应急条例》第37条;《核电厂核事故应急管理条例》第38条;《突发公共卫生事件应急条例》第51条

第九十七条 【编造、传播虚假信息的法律责任】违反本法规定,编造并传播有关突发事件的虚假信息,或者明知是有关突发事件的虚假信息而进行传播的,责令改正,给予警告;造成严重后果的,依法暂停其业务活动或者吊销其许可证件;负有直接责任的人员是公职人员的,还应当依法给予处分。

条文注释

本条规定中的"虚假信息"是指与突发事件实际情况不符、未经证实或者捏造的有关突发事件的信息。这些信息的传播可能导致社会恐慌、混乱,影响应急处置工作的顺利进行和社会稳定。具体来说,虚假信息包括以下几种类型:(1)完全捏造的信息。完全没有事实依据,由个人或团体凭空编造的有关突发事件的信息。例如,虚构某地发生重大灾害、事故或公共卫生事件等。(2)歪曲事实的信息。对实际发生的事件进行歪曲、夸大或缩小,导致信息与事实严重不符。例如,夸大某突发事件的影响或危害程度,或隐瞒实际情况,导致公众误解。(3)未经证实的信息。未经核实或确认的信息,在没有充分证据的情况下传播。例如未经官方确认的传闻、猜测性信息等。(4)误导性信息。有意或无意地传播可能导致误导公众的信息。例如错误的预警信息、错误的应急措施指导等。

本条规定追究两种违法行为的法律责任:一种是编造并传播有关突发事件的虚假信息,行为人必须有既编造又传播虚假信息的行为;另一种是明知是有关突发事件的虚假信息而进行传播。包括新闻媒体在内的任何单位和个人有上述两种行为之一的,都要承担相应的法律责任。承担的法律责任有责令改正,给予警告;依法暂停其业务活动或者吊销其许可证件;同时还规定了负有直接责任的人员是公职人员的,应当对其依法给予处分。

一是责令改正和警告。对于编造并传播虚假信息或者明知是虚假信息而传播的行为,首先应当责令行为人改正,必须立即停止传播虚假信息,采取措施纠正已经造成的误导或混乱。同时给予警告,作为一种行政处罚,警告行为人其行为的违法性,并提醒其避免再次发生类似违法行为。

二是暂停业务活动或者吊销许可证件。如果传播虚假信息造成严重后果,法律规定可以暂停其业务活动或者吊销其许可证件。严重后果包括引起社会恐慌、扰乱公共秩序、影响突发事件的应急处置等。

三是对公职人员的处分。如果负有直接责任的人员是公职人员,除了前述的行政处罚外,还应当依法给予处分。处分的形式可以包括警告、记过、降级、撤职、开除等,具体视其行为的严重性和后果而定。

关联法规

《刑法》第291条之一;《治安管理处罚法》第25条;《网络安全法》第12条

第九十八条 【违反决定、命令的处理】单位或者个人违反本法规定,不服从所在地人民政府及其有关部门依法发布的决定、命令或者不配合其依法采取的措施的,责令改正;造成严重后果的,依法给予行政处罚;负有直接责任的人员是公职人员的,还应当依法给予处分。

条文注释

本条规定了对单位或者个人违反本法规定,不服从所在地人民政府及其有关部门依法发布的决定、命令或者不配合其依法采取的措施的处理措施。对于这种情况,相关部门可以责令改正;如果造成严重后果,将依法给予行政处罚;如果负有直接责任的人员是公职人员,还应当对其依法给予处分。本条的设立旨在保障突发事件管理工作的顺利进行,强化人民政府及其有关部门的权威性和执行力,进而更为有效维护社会秩序和公共安全。

关联法规

《公务员法》第54条

> **第九十九条　【违反个人信息保护规定的责任】**单位或者个人违反本法第八十四条、第八十五条关于个人信息保护规定的,由主管部门依照有关法律规定给予处罚。

条文注释

本条提到的"主管部门"主要指在个人信息保护领域具有监管和执法职责的行政机关。行政机关根据具体的个人信息保护法律和相关规定负责监督、管理、调查和处罚违反个人信息保护规定的行为。具体而言,包括但不限于以下机构:一是互联网信息办公室。比如国家互联网信息办公室是负责统筹协调网络安全和信息化工作的主要部门,特别是涉及网络安全和数据安全的监管与执法。二是公安机关。公安机关在个人信息保护中也扮演着重要角色,特别是在涉及网络犯罪、信息泄露等方面,公安机关负责调查和执法。三是工业和信息化主管部门。比如工业和信息化部负责信息产业管理,对涉及信息通信技术(ICT)领域的个人信息保护具有监管职责。四是市场监管部门。比如国家市场监督管理总局负责市场监管、质量监督、检验检疫、工商行政管理等工作,也对企业在经营过程中涉及的个人信息保护进行监督管理。五是其他有关部门。比如卫生健康委员会在医疗信息保护方面,教育主管部门在学生信息保护方面等相关行业的主管部门,也可能在特定领域内对个人信息保护进行监管。

通过规定违反个人信息保护规定的法律责任,强调在突发事件应急处置过程中对个人信息保护的严格要求。单位或个人在处理个人信息时,必须遵守法律法规,确保信息的合法收集、使用和保密。主管部门依据相关法律对违法行为进行处罚,既维护了公民的合法权益,也促进了信息处理行为的规范化和合法化。通过明确法律责任和处罚措施,增强个人信息保护的法律效力,防止信息滥用和侵犯个人隐私。

关联法规

《个人信息保护法》第6~10条;《网络安全法》第64条;《电子商务法》第23、79条;《刑法》第253条之一

> **第一百条 【民事责任】**单位或者个人违反本法规定,导致突发事件发生或者危害扩大,造成人身、财产或者其他损害的,应当依法承担民事责任。

条文注释

按照本条规定,单位或者个人违反本法规定,导致发生突发事件或者使得突发事件事态的危害扩大,给他人人身、财产造成损害的,都应当依法承担民事责任。鉴于某些突发事件的发生非由自然因素引起,而是一些单位和个人违反有关法律规定造成,民事责任分为合同责任、侵权责任和其他责任。本条规定的民事责任是侵权责任。无论是单位还是个人,凡违反本法规定,导致发生突发事件或者使得突发事件事态的危害扩大,给他人人身、财产造成损害的,都应当依法承担民事责任。承担民事责任的责任形式主要是赔偿损失。承担民事责任的前提需要满足以下情形。

第一,违法行为导致突发事件发生或危害扩大。该条款明确了单位或个人因违反法律规定而导致突发事件发生或原有危害扩大的情况。例如,未按规定维护设备导致事故发生,或未及时报告危险情况导致灾害扩大。

第二,造成人身、财产或其他损害。由于违法行为造成的人身、财产或其他损害,包括但不限于人员伤亡、财产损失、环境破

坏等。受害者有权依法追究相关单位或个人的责任,要求赔偿损失。

第三,依法承担民事责任。违法单位或个人应当依法承担相应的民事责任。这可能包括经济赔偿、恢复原状、停止侵害等。民事责任的承担旨在弥补受害者的损失,恢复受损的权益,并对违法行为进行法律上的制裁。

关联法规

《民法典》第1164、1165条;《民事诉讼法》第2、126条

第一百零一条　【紧急避险】为了使本人或者他人的人身、财产免受正在发生的危险而采取避险措施的,依照《中华人民共和国民法典》《中华人民共和国刑法》等法律关于紧急避险的规定处理。

条文注释

紧急避险,是指在不得已的情况下损害另一法益以保护较大法益免受正在发生危险的行为。在突发事件应对过程中,往往会有公民为了避免人身、财产损害而采取紧急避险行为的情况,本法对公民采取紧急避险措施的相关法律责任承担作出规定,为公民在突发事件应急处置中开展自救互救、减少损失提供法律依据,契合本法立法目的。此次修订对紧急避险作出规定,重点考虑到民法典、刑法中已规定有紧急避险制度,因此增加有关衔接性规定。《刑法》第21条对紧急避险作了明文规定。在符合刑法规定的特定条件的行为属于避险行为。《民法典》第182条规定,因紧急避险造成损害的,由引起险情发生的人承担民事责任。危险由自然原因引起的,紧急避险人不承担民事责任,可以给予适当补偿。紧急避险采取措施不当或者超过必要的限度,造成不应有的损害的,紧急避险人应当承担适当的民事责任。另外,由于紧急避险损害的是第三人的利益,法律对其成

立要件的要求较严格。

关联法规

《刑法》第21条;《民法典》第182条

> **第一百零二条 【行政与刑事责任】**违反本法规定,构成违反治安管理行为的,依法给予治安管理处罚;构成犯罪的,依法追究刑事责任。

条文注释

本条规定了违反相关规定所需承担的法律责任,具体分为治安管理处罚和刑事责任两类。其核心内容是对违反治安管理行为和构成犯罪行为的处理。

1. 治安管理处罚

即违反治安管理行为,是指未达到刑事犯罪标准,但扰乱社会治安、危害公共秩序的行为。这类行为通常由公安机关依据《治安管理处罚法》进行处罚,可能包括警告、罚款、行政拘留等。对于构成违反治安管理行为的,相关部门将依据《治安管理处罚法》给予相应处罚,如该法第50条规定,"拒不执行人民政府在紧急状态情况下依法发布的决定、命令的","处警告或者二百元以下罚款;情节严重的,处五日以上十日以下拘留,可以并处五百元以下罚款"。这是行政层面的处罚,不涉及刑事犯罪。

2. 刑事责任

构成犯罪是指违反本法的行为已经触犯《刑法》,应受到刑法追究。对于构成犯罪的行为,应依据《刑法》和《刑事诉讼法》等进行处理,涉及的刑事责任可能包括判处拘役、有期徒刑等主刑及罚金等附加刑。例如《刑法》第273条规定了挪用特定款物罪,挪用用于救灾、抢险、防汛、优抚、扶贫、移民、救济款物,情节严重,致使国家和人民群众利益遭受重大损害的,对直接责任人员,处3年以下有期徒刑或者拘役;情节特别严重的,处3年以上7年以下有期徒刑。

《突发公共卫生事件应急条例》第47条规定："突发事件发生后,县级以上地方人民政府及其有关部门对上级人民政府有关部门的调查不予配合,或者采取其他方式阻碍、干涉调查的,对政府主要领导人和政府部门主要负责人依法给予降级或者撤职的行政处分;构成犯罪的,依法追究刑事责任。"

关联法规

《治安管理处罚法》第1、50条;《刑法》第1、273条;《刑事诉讼法》第1条;《突发公共卫生事件应急条例》第47条

第八章 附 则

> **第一百零三条 【紧急状态】**发生特别重大突发事件,对人民生命财产安全、国家安全、公共安全、生态环境安全或者社会秩序构成重大威胁,采取本法和其他有关法律、法规、规章规定的应急处置措施不能消除或者有效控制、减轻其严重社会危害,需要进入紧急状态的,由全国人民代表大会常务委员会或者国务院依照宪法和其他有关法律规定的权限和程序决定。
>
> 紧急状态期间采取的非常措施,依照有关法律规定执行或者由全国人民代表大会常务委员会另行规定。

条文注释

本条中的"紧急状态"是指发生或者即将发生特别重大突发事件,需要国家机关行使紧急权力予以控制、消除其社会危害和威胁时,有关国家机关按照宪法、法律规定的权限决定并宣布局部地区或者全国实行的一种临时性的严重危急状态。值得注意的是,紧急状态与突发事件是密切相关的两个概念。如何在立法中对二者进行规范,选择适当的立法模式并予以适用,是本条

的一个重点问题。

一是宣布进入紧急状态的主体。根据《宪法》《戒严法》的规定,宣布进入紧急状态涉及三个主体,即全国人大常委会、国家主席和国务院。对于全国或者个别省、自治区、直辖市的紧急状态,由全国人大常委会决定,国家主席根据全国人大常委会的决定宣布进入紧急状态。对于省、自治区、直辖市的范围内部分地区的紧急状态,由国务院决定并宣布。

二是宣布进入紧急状态的条件。紧急状态是一种非正常状态,不到不得已的情况下,不得宣布进入紧急状态。《戒严法》第2条规定:"在发生严重危及国家的统一、安全或者社会公共安全的动乱、暴乱或者严重骚乱,不采取非常措施不足以维护社会秩序、保护人民的生命和财产安全的紧急状态时,国家可以决定实行戒严。"本法规定与戒严法的精神是一致的,就是只有当事态极其严重,威胁到国家安全、社会安全以及人民群众的生命、健康、财产安全,并且采取其他法律规定的正常措施不能够维护秩序、保障安全的情况下,有权机关才能够决定并宣布进入紧急状态。宣布进入紧急状态,采取一些非常措施,是"两害相权取其轻"下的理性选择。

三是紧急状态期间采取的非常措施。包括《戒严法》规定的戒严期间可能采取的措施,以及戒严以外其他紧急状态情况下采取的非常措施。根据《戒严法》的规定,戒严期间,戒严实施机关可以决定在戒严地区采取的措施包括:(1)禁止或者限制集会、游行、示威、街头讲演以及其他聚众活动;(2)禁止罢工、罢市、罢课;(3)实行新闻管制;(4)实行通讯、邮政、电信管制;(5)实行出境入境管制;(6)禁止任何反对戒严的活动。戒严以外其他紧急状态情况下采取的非常措施,由全国人大常委会另行规定。无论是由全国人大常委会决定的全国或者个别省、自治区、直辖市的紧急状态,还是由国务院决定的省、自治区、直辖市的范围内部分地区的紧急状态,需要采取非常措施的,均由全国人大常委会根据实际情况作出规定。

关联法规

《宪法》第 67、80、89 条;《戒严法》第 13~20 条

> **第一百零四条 【保护管辖】**中华人民共和国领域外发生突发事件,造成或者可能造成中华人民共和国公民、法人和其他组织人身伤亡、财产损失的,由国务院外交部门会同国务院其他有关部门、有关地方人民政府,按照国家有关规定做好应对工作。

条文注释

本条规定中的"中华人民共和国公民"是指具有中华人民共和国国籍的人。"法人"是指具有民事权利能力和民事行为能力,依法独立享有民事权利和承担民事义务的组织。法人的实质是法人能够与自然人同样具有民事权利能力,成为享有权利、承担义务的民事主体。《民法典》以法人成立目的的不同为标准,将法人分为营利法人、非营利法人和特别法人。"其他组织"是指合法成立、有一定的组织机构和财产,但又不具备法人资格的组织,包括依法登记领取营业执照的个人独资企业、合伙企业等。

本条主要涉及管辖范围中的保护管辖,规定了在中国领域外发生的突发事件中,如果涉及中国公民、法人和其他组织的人身安全和财产损失,相应的应对工作将由国务院外交部门牵头,会同国务院其他相关部门及有关地方人民政府来进行协调。本条主要目的是确保中国公民和组织在海外遭遇突发事件时,能够获得有效的保护和支持。条文强调了跨部门、跨区域的合作机制,确保应对措施的高效和协调。这包括但不限于紧急撤离、领事保护、法律支持,以及与事件发生国的外交沟通等。

关联法规

《对外关系法》第 32、33 条;《领事保护与协助条例》第 8、9

条;《刑法》第 8 条

第一百零五条　【外国人、无国籍人的属地管辖】在中华人民共和国境内的外国人、无国籍人应当遵守本法,服从所在地人民政府及其有关部门依法发布的决定、命令,并配合其依法采取的措施。

条文注释

本条强调了在中国境内的外国人和无国籍人须遵守本法的要求,服从所在地人民政府及其相关部门依法发布的决定和命令,同时配合政府采取的应急措施。本规定旨在确保在中国境内的所有人,无论其国籍如何都在法律框架下平等地参与到突发事件的应对和管理中,以维护公共安全和秩序。通过属地管辖原则,我国政府能够有效地管理和控制在其领土上发生的任何突发事件,确保所有在境内的个人都按照统一的标准行动。

关联法规

《治安管理处罚法》第 10 条;《刑法》第 6 条

第一百零六条　【施行时间】本法自 2024 年 11 月 1 日起施行。

附录

突发公共卫生事件应急条例

（2003年5月9日国务院令第376号发布　根据2011年1月8日国务院令第588号《关于废止和修改部分行政法规的决定》修订）

第一章　总　　则

第一条　为了有效预防、及时控制和消除突发公共卫生事件的危害，保障公众身体健康与生命安全，维护正常的社会秩序，制定本条例。

第二条　本条例所称突发公共卫生事件（以下简称突发事件），是指突然发生，造成或者可能造成社会公众健康严重损害的重大传染病疫情、群体性不明原因疾病、重大食物和职业中毒以及其他严重影响公众健康的事件。

第三条　突发事件发生后，国务院设立全国突发事件应急处理指挥部，由国务院有关部门和军队有关部门组成，国务院主管领导人担任总指挥，负责对全国突发事件应急处理的统一领导、统一指挥。

国务院卫生行政主管部门和其他有关部门，在各自的职责范围内做好突发事件应急处理的有关工作。

第四条　突发事件发生后，省、自治区、直辖市人民政府成立地方突发事件应急处理指挥部，省、自治区、直辖市人民政府主要领导人担任总指挥,负责领导、指挥本行政区域内突发事件应急处理工作。

县级以上地方人民政府卫生行政主管部门,具体负责组织突发事件的调查、控制和医疗救治工作。

县级以上地方人民政府有关部门,在各自的职责范围内做好突发事件应急处理的有关工作。

第五条 突发事件应急工作,应当遵循预防为主、常备不懈的方针,贯彻统一领导、分级负责、反应及时、措施果断、依靠科学、加强合作的原则。

第六条 县级以上各级人民政府应当组织开展防治突发事件相关科学研究,建立突发事件应急流行病学调查、传染源隔离、医疗救护、现场处置、监督检查、监测检验、卫生防护等有关物资、设备、设施、技术与人才资源储备,所需经费列入本级政府财政预算。

国家对边远贫困地区突发事件应急工作给予财政支持。

第七条 国家鼓励、支持开展突发事件监测、预警、反应处理有关技术的国际交流与合作。

第八条 国务院有关部门和县级以上地方人民政府及其有关部门,应当建立严格的突发事件防范和应急处理责任制,切实履行各自的职责,保证突发事件应急处理工作的正常进行。

第九条 县级以上各级人民政府及其卫生行政主管部门,应当对参加突发事件应急处理的医疗卫生人员,给予适当补助和保健津贴;对参加突发事件应急处理作出贡献的人员,给予表彰和奖励;对因参与应急处理工作致病、致残、死亡的人员,按照国家有关规定,给予相应的补助和抚恤。

第二章 预防与应急准备

第十条 国务院卫生行政主管部门按照分类指导、快速反应的要求,制定全国突发事件应急预案,报请国务院批准。

省、自治区、直辖市人民政府根据全国突发事件应急预案，结合本地实际情况，制定本行政区域的突发事件应急预案。

第十一条 全国突发事件应急预案应当包括以下主要内容：

（一）突发事件应急处理指挥部的组成和相关部门的职责；

（二）突发事件的监测与预警；

（三）突发事件信息的收集、分析、报告、通报制度；

（四）突发事件应急处理技术和监测机构及其任务；

（五）突发事件的分级和应急处理工作方案；

（六）突发事件预防、现场控制，应急设施、设备、救治药品和医疗器械以及其他物资和技术的储备与调度；

（七）突发事件应急处理专业队伍的建设和培训。

第十二条 突发事件应急预案应当根据突发事件的变化和实施中发现的问题及时进行修订、补充。

第十三条 地方各级人民政府应当依照法律、行政法规的规定，做好传染病预防和其他公共卫生工作，防范突发事件的发生。

县级以上各级人民政府卫生行政主管部门和其他有关部门，应当对公众开展突发事件应急知识的专门教育，增强全社会对突发事件的防范意识和应对能力。

第十四条 国家建立统一的突发事件预防控制体系。

县级以上地方人民政府应当建立和完善突发事件监测与预警系统。

县级以上各级人民政府卫生行政主管部门，应当指定机构负责开展突发事件的日常监测，并确保监测与预警系统的正常运行。

第十五条 监测与预警工作应当根据突发事件的类别，制定监测计划，科学分析、综合评价监测数据。对早期发现的潜在隐患以及可能发生的突发事件，应当依照本条例规定的报告程序和时限及时报告。

第十六条 国务院有关部门和县级以上地方人民政府及其有关部门，应当根据突发事件应急预案的要求，保证应急设施、设备、救治药品和医疗器械等物资储备。

第十七条 县级以上各级人民政府应当加强急救医疗服务网络的建设,配备相应的医疗救治药物、技术、设备和人员,提高医疗卫生机构应对各类突发事件的救治能力。

设区的市级以上地方人民政府应当设置与传染病防治工作需要相适应的传染病专科医院,或者指定具备传染病防治条件和能力的医疗机构承担传染病防治任务。

第十八条 县级以上地方人民政府卫生行政主管部门,应当定期对医疗卫生机构和人员开展突发事件应急处理相关知识、技能的培训,定期组织医疗卫生机构进行突发事件应急演练,推广最新知识和先进技术。

第三章 报告与信息发布

第十九条 国家建立突发事件应急报告制度。

国务院卫生行政主管部门制定突发事件应急报告规范,建立重大、紧急疫情信息报告系统。

有下列情形之一的,省、自治区、直辖市人民政府应当在接到报告1小时内,向国务院卫生行政主管部门报告:

(一)发生或者可能发生传染病暴发、流行的;

(二)发生或者发现不明原因的群体性疾病的;

(三)发生传染病菌种、毒种丢失的;

(四)发生或者可能发生重大食物和职业中毒事件的。

国务院卫生行政主管部门对可能造成重大社会影响的突发事件,应当立即向国务院报告。

第二十条 突发事件监测机构、医疗卫生机构和有关单位发现有本条例第十九条规定情形之一的,应当在2小时内向所在地县级人民政府卫生行政主管部门报告;接到报告的卫生行政主管部门应当在2小时内向本级人民政府报告,并同时向上级人民政府卫生行政主管部门和国务院卫生行政主管部门报告。

县级人民政府应当在接到报告后2小时内向设区的市级人民政府或者上一级人民政府报告;设区的市级人民政府应当在接到报告后2小时内向省、自治区、直辖市人民政府报告。

第二十一条 任何单位和个人对突发事件,不得隐瞒、缓报、谎报或者授意他人隐瞒、缓报、谎报。

第二十二条 接到报告的地方人民政府、卫生行政主管部门依照本条例规定报告的同时,应当立即组织力量对报告事项调查核实、确证,采取必要的控制措施,并及时报告调查情况。

第二十三条 国务院卫生行政主管部门应当根据发生突发事件的情况,及时向国务院有关部门和各省、自治区、直辖市人民政府卫生行政主管部门以及军队有关部门通报。

突发事件发生地的省、自治区、直辖市人民政府卫生行政主管部门,应当及时向毗邻省、自治区、直辖市人民政府卫生行政主管部门通报。

接到通报的省、自治区、直辖市人民政府卫生行政主管部门,必要时应当及时通知本行政区域内的医疗卫生机构。

县级以上地方人民政府有关部门,已经发生或者发现可能引起突发事件的情形时,应当及时向同级人民政府卫生行政主管部门通报。

第二十四条 国家建立突发事件举报制度,公布统一的突发事件报告、举报电话。

任何单位和个人有权向人民政府及其有关部门报告突发事件隐患,有权向上级人民政府及其有关部门举报地方人民政府及其有关部门不履行突发事件应急处理职责,或者不按照规定履行职责的情况。接到报告、举报的有关人民政府及其有关部门,应当立即组织对突发事件隐患、不履行或者不按照规定履行突发事件应急处理职责的情况进行调查处理。

对举报突发事件有功的单位和个人,县级以上各级人民政府及其有关部门应当予以奖励。

第二十五条 国家建立突发事件的信息发布制度。

国务院卫生行政主管部门负责向社会发布突发事件的信息。必要时,可以授权省、自治区、直辖市人民政府卫生行政主管部门向社会发布本行政区域内突发事件的信息。

信息发布应当及时、准确、全面。

第四章 应 急 处 理

第二十六条 突发事件发生后,卫生行政主管部门应当组织专家对突发事件进行综合评估,初步判断突发事件的类型,提出是否启动突发事件应急预案的建议。

第二十七条 在全国范围内或者跨省、自治区、直辖市范围内启动全国突发事件应急预案,由国务院卫生行政主管部门报国务院批准后实施。省、自治区、直辖市启动突发事件应急预案,由省、自治区、直辖市人民政府决定,并向国务院报告。

第二十八条 全国突发事件应急处理指挥部对突发事件应急处理工作进行督察和指导,地方各级人民政府及其有关部门应当予以配合。

省、自治区、直辖市突发事件应急处理指挥部对本行政区域内突发事件应急处理工作进行督察和指导。

第二十九条 省级以上人民政府卫生行政主管部门或者其他有关部门指定的突发事件应急处理专业技术机构,负责突发事件的技术调查、确证、处置、控制和评价工作。

第三十条 国务院卫生行政主管部门对新发现的突发传染病,根据危害程度、流行强度,依照《中华人民共和国传染病防治法》的规定及时宣布为法定传染病;宣布为甲类传染病的,由国务院决定。

第三十一条 应急预案启动前,县级以上各级人民政府有关部门应当根据突发事件的实际情况,做好应急处理准备,采取必要的应急措施。

应急预案启动后,突发事件发生地的人民政府有关部门,应当根据预案规定的职责要求,服从突发事件应急处理指挥部的统一指挥,立即到达规定岗位,采取有关的控制措施。

医疗卫生机构、监测机构和科学研究机构,应当服从突发事件应急处理指挥部的统一指挥,相互配合、协作,集中力量开展相关的科学研究工作。

第三十二条　突发事件发生后,国务院有关部门和县级以上地方人民政府及其有关部门,应当保证突发事件应急处理所需的医疗救护设备、救治药品、医疗器械等物资的生产、供应;铁路、交通、民用航空行政主管部门应当保证及时运送。

第三十三条　根据突发事件应急处理的需要,突发事件应急处理指挥部有权紧急调集人员、储备的物资、交通工具以及相关设施、设备;必要时,对人员进行疏散或者隔离,并可以依法对传染病疫区实行封锁。

第三十四条　突发事件应急处理指挥部根据突发事件应急处理的需要,可以对食物和水源采取控制措施。

县级以上地方人民政府卫生行政主管部门应当对突发事件现场等采取控制措施,宣传突发事件防治知识,及时对易受感染的人群和其他易受损害的人群采取应急接种、预防性投药、群体防护等措施。

第三十五条　参加突发事件应急处理的工作人员,应当按照预案的规定,采取卫生防护措施,并在专业人员的指导下进行工作。

第三十六条　国务院卫生行政主管部门或者其他有关部门指定的专业技术机构,有权进入突发事件现场进行调查、采样、技术分析和检验,对地方突发事件的应急处理工作进行技术指导,有关单位和个人应当予以配合;任何单位和个人不得以任何理由予以拒绝。

第三十七条　对新发现的突发传染病、不明原因的群体性疾病、重大食物和职业中毒事件,国务院卫生行政主管部门应当尽快组织力量制定相关的技术标准、规范和控制措施。

第三十八条　交通工具上发现根据国务院卫生行政主管部门的规定需要采取应急控制措施的传染病病人、疑似传染病病人,其负责人应当以最快的方式通知前方停靠点,并向交通工具的营运单位报告。交通工具的前方停靠点和营运单位应当立即向交通工具营运单位行政主管部门和县级以上地方人民政府卫生行政主管部门报告。卫生行政主管部门接到报告后,应当立即组织有关人员采取相应的医学处置措施。

交通工具上的传染病病人密切接触者,由交通工具停靠点的县级以上各级人民政府卫生行政主管部门或者铁路、交通、民用航空行政主管部门,根据各自的职责,依照传染病防治法律、行政法规的规定,采取控制措施。

涉及国境口岸和入出境的人员、交通工具、货物、集装箱、行李、邮包等需要采取传染病应急控制措施的,依照国境卫生检疫法律、行政法规的规定办理。

第三十九条　医疗卫生机构应当对因突发事件致病的人员提供医疗救护和现场救援,对就诊病人必须接诊治疗,并书写详细、完整的病历记录;对需要转送的病人,应当按照规定将病人及其病历记录的复印件转送至接诊的或者指定的医疗机构。

医疗卫生机构内应当采取卫生防护措施,防止交叉感染和污染。

医疗卫生机构应当对传染病病人密切接触者采取医学观察措施,传染病病人密切接触者应当予以配合。

医疗机构收治传染病病人、疑似传染病病人,应当依法报告所在地的疾病预防控制机构。接到报告的疾病预防控制机构应当立即对可能受到危害的人员进行调查,根据需要采取必要的控制措施。

第四十条　传染病暴发、流行时,街道、乡镇以及居民委员会、村民委员会应当组织力量,团结协作,群防群治,协助卫生行政主管部门和其他有关部门、医疗卫生机构做好疫情信息的收集和报告、人员的分散隔离、公共卫生措施的落实工作,向居民、村民宣传传染病防治的相关知识。

第四十一条 对传染病暴发、流行区域内流动人口,突发事件发生地的县级以上地方人民政府应当做好预防工作,落实有关卫生控制措施;对传染病病人和疑似传染病病人,应当采取就地隔离、就地观察、就地治疗的措施。对需要治疗和转诊的,应当依照本条例第三十九条第一款的规定执行。

第四十二条 有关部门、医疗卫生机构应当对传染病做到早发现、早报告、早隔离、早治疗,切断传播途径,防止扩散。

第四十三条 县级以上各级人民政府应当提供必要资金,保障因突发事件致病、致残的人员得到及时、有效的救治。具体办法由国务院财政部门、卫生行政主管部门和劳动保障行政主管部门制定。

第四十四条 在突发事件中需要接受隔离治疗、医学观察措施的病人、疑似病人和传染病病人密切接触者在卫生行政主管部门或者有关机构采取医学措施时应当予以配合;拒绝配合的,由公安机关依法协助强制执行。

第五章 法律责任

第四十五条 县级以上地方人民政府及其卫生行政主管部门未依照本条例的规定履行报告职责,对突发事件隐瞒、缓报、谎报或者授意他人隐瞒、缓报、谎报的,对政府主要领导人及其卫生行政主管部门主要负责人,依法给予降级或者撤职的行政处分;造成传染病传播、流行或者对社会公众健康造成其他严重危害后果的,依法给予开除的行政处分;构成犯罪的,依法追究刑事责任。

第四十六条 国务院有关部门、县级以上地方人民政府及其有关部门未依照本条例的规定,完成突发事件应急处理所需要的设施、设备、药品和医疗器械等物资的生产、供应、运输和储备的,对政府主要领导人和政府部门主要负责人依法给予降级或者撤职的行政处分;造成传染病传播、流行或者对社会公众健康造成其他严重危害后果的,依法给予开除的行政处分;构成犯罪的,依法追究刑事责任。

第四十七条　突发事件发生后,县级以上地方人民政府及其有关部门对上级人民政府有关部门的调查不予配合,或者采取其他方式阻碍、干涉调查的,对政府主要领导人和政府部门主要负责人依法给予降级或者撤职的行政处分;构成犯罪的,依法追究刑事责任。

第四十八条　县级以上各级人民政府卫生行政主管部门和其他有关部门在突发事件调查、控制、医疗救治工作中玩忽职守、失职、渎职的,由本级人民政府或者上级人民政府有关部门责令改正、通报批评、给予警告;对主要负责人、负有责任的主管人员和其他责任人员依法给予降级、撤职的行政处分;造成传染病传播、流行或者对社会公众健康造成其他严重危害后果的,依法给予开除的行政处分;构成犯罪的,依法追究刑事责任。

第四十九条　县级以上各级人民政府有关部门拒不履行应急处理职责的,由同级人民政府或者上级人民政府有关部门责令改正、通报批评、给予警告;对主要负责人、负有责任的主管人员和其他责任人员依法给予降级、撤职的行政处分;造成传染病传播、流行或者对社会公众健康造成其他严重危害后果的,依法给予开除的行政处分;构成犯罪的,依法追究刑事责任。

第五十条　医疗卫生机构有下列行为之一的,由卫生行政主管部门责令改正、通报批评、给予警告;情节严重的,吊销《医疗机构执业许可证》;对主要负责人、负有责任的主管人员和其他直接责任人员依法给予降级或者撤职的纪律处分;造成传染病传播、流行或者对社会公众健康造成其他严重危害后果,构成犯罪的,依法追究刑事责任:

(一)未依照本条例的规定履行报告职责,隐瞒、缓报或者谎报的;

(二)未依照本条例的规定及时采取控制措施的;

(三)未依照本条例的规定履行突发事件监测职责的;

(四)拒绝接诊病人的;

(五)拒不服从突发事件应急处理指挥部调度的。

第五十一条 在突发事件应急处理工作中,有关单位和个人未依照本条例的规定履行报告职责,隐瞒、缓报或者谎报,阻碍突发事件应急处理工作人员执行职务,拒绝国务院卫生行政主管部门或者其他有关部门指定的专业技术机构进入突发事件现场,或者不配合调查、采样、技术分析和检验的,对有关责任人员依法给予行政处分或者纪律处分;触犯《中华人民共和国治安管理处罚法》,构成违反治安管理行为的,由公安机关依法予以处罚;构成犯罪的,依法追究刑事责任。

　　第五十二条 在突发事件发生期间,散布谣言、哄抬物价、欺骗消费者,扰乱社会秩序、市场秩序的,由公安机关或者工商行政管理部门依法给予行政处罚;构成犯罪的,依法追究刑事责任。

第六章　附　　则

　　第五十三条 中国人民解放军、武装警察部队医疗卫生机构参与突发事件应急处理的,依照本条例的规定和军队的相关规定执行。

　　第五十四条 本条例自公布之日起施行。

破坏性地震应急条例

（1995年2月11日国务院令第172号发布　根据2011年1月8日国务院令第588号《关于废止和修改部分行政法规的决定》修订）

第一章　总　　则

第一条　为了加强对破坏性地震应急活动的管理，减轻地震灾害损失，保障国家财产和公民人身、财产安全，维护社会秩序，制定本条例。

第二条　在中华人民共和国境内从事破坏性地震应急活动，必须遵守本条例。

第三条　地震应急工作实行政府领导、统一管理和分级、分部门负责的原则。

第四条　各级人民政府应当加强地震应急的宣传、教育工作，提高社会防震减灾意识。

第五条　任何组织和个人都有参加地震应急活动的义务。

中国人民解放军和中国人民武装警察部队是地震应急工作的重要力量。

第二章　应急机构

第六条　国务院防震减灾工作主管部门指导和监督全国地震应

急工作。国务院有关部门按照各自的职责,具体负责本部门的地震应急工作。

第七条 造成特大损失的严重破坏性地震发生后,国务院设立抗震救灾指挥部,国务院防震减灾工作主管部门为其办事机构;国务院有关部门设立本部门的地震应急机构。

第八条 县级以上地方人民政府防震减灾工作主管部门指导和监督本行政区域内的地震应急工作。

破坏性地震发生后,有关县级以上地方人民政府应当设立抗震救灾指挥部,对本行政区域内的地震应急工作实行集中领导,其办事机构设在本级人民政府防震减灾工作主管部门或者本级人民政府指定的其他部门;国务院另有规定的,从其规定。

第三章 应急预案

第九条 国家的破坏性地震应急预案,由国务院防震减灾工作主管部门会同国务院有关部门制定,报国务院批准。

第十条 国务院有关部门应当根据国家的破坏性地震应急预案,制定本部门的破坏性地震应急预案,并报国务院防震减灾工作主管部门备案。

第十一条 根据地震灾害预测,可能发生破坏性地震地区的县级以上地方人民政府防震减灾工作主管部门应当会同同级有关部门以及有关单位,参照国家的破坏性地震应急预案,制定本行政区域内的破坏性地震应急预案,报本级人民政府批准;省、自治区和人口在100万以上的城市的破坏性地震应急预案,还应当报国务院防震减灾工作主管部门备案。

第十二条 部门和地方制定破坏性地震应急预案,应当从本部门或者本地区的实际情况出发,做到切实可行。

第十三条 破坏性地震应急预案应当包括下列主要内容:

(一)应急机构的组成和职责;

（二）应急通信保障；
（三）抢险救援的人员、资金、物资准备；
（四）灾害评估准备；
（五）应急行动方案。

第十四条 制定破坏性地震应急预案的部门和地方，应当根据震情的变化以及实施中发现的问题，及时对其制定的破坏性地震应急预案进行修订、补充；涉及重大事项调整的，应当报经原批准机关同意。

第四章 临震应急

第十五条 地震临震预报，由省、自治区、直辖市人民政府依照国务院有关发布地震预报的规定统一发布，其他任何组织或者个人不得发布地震预报。

任何组织或者个人都不得传播有关地震的谣言。发生地震谣传时，防震减灾工作主管部门应当协助人民政府迅速予以平息和澄清。

第十六条 破坏性地震临震预报发布后，有关省、自治区、直辖市人民政府可以宣布预报区进入临震应急期，并指明临震应急期的起止时间。

临震应急期一般为10日；必要时，可以延长10日。

第十七条 在临震应急期，有关地方人民政府应当根据震情，统一部署破坏性地震应急预案的实施工作，并对临震应急活动中发生的争议采取紧急处理措施。

第十八条 在临震应急期，各级防震减灾工作主管部门应当协助本级人民政府对实施破坏性地震应急预案工作进行检查。

第十九条 在临震应急期，有关地方人民政府应当根据实际情况，向预报区的居民以及其他人员提出避震撤离的劝告；情况紧急时，应当有组织地进行避震疏散。

第二十条 在临震应急期，有关地方人民政府有权在本行政区域内紧急调用物资、设备、人员和占用场地,任何组织或者个人都不得阻拦;调用物资、设备或者占用场地的,事后应当及时归还或者给予补偿。

第二十一条 在临震应急期,有关部门应当对生命线工程和次生灾害源采取紧急防护措施。

第五章 震后应急

第二十二条 破坏性地震发生后,有关的省、自治区、直辖市人民政府应当宣布灾区进入震后应急期,并指明震后应急期的起止时间。

震后应急期一般为10日;必要时,可以延长20日。

第二十三条 破坏性地震发生后,抗震救灾指挥部应当及时组织实施破坏性地震应急预案,及时将震情、灾情及其发展趋势等信息报告上一级人民政府。

第二十四条 防震减灾工作主管部门应当加强现场地震监测预报工作,并及时会同有关部门评估地震灾害损失;灾情调查结果,应当及时报告本级人民政府抗震救灾指挥部和上一级防震减灾工作主管部门。

第二十五条 交通、铁路、民航等部门应当尽快恢复被损毁的道路、铁路、水港、空港和有关设施,并优先保证抢险救援人员、物资的运输和灾民的疏散。其他部门有交通运输工具的,应当无条件服从抗震救灾指挥部的征用或者调用。

第二十六条 通信部门应当尽快恢复被破坏的通信设施,保证抗震救灾通信畅通。其他部门有通信设施的,应当优先为破坏性地震应急工作服务。

第二十七条 供水、供电部门应当尽快恢复被破坏的供水、供电设施,保证灾区用水、用电。

第二十八条 卫生部门应当立即组织急救队伍,利用各种医疗设施或者建立临时治疗点,抢救伤员,及时检查、监测灾区的饮用水源、食品等,采取有效措施防止和控制传染病的暴发流行,并向受灾人员提供精神、心理卫生方面的帮助。医药部门应当及时提供救灾所需药品。其他部门应当配合卫生、医药部门,做好卫生防疫以及伤亡人员的抢救、处理工作。

第二十九条　民政部门应当迅速设置避难场所和救济物资供应点,提供救济物品等,保障灾民的基本生活,做好灾民的转移和安置工作。其他部门应当支持、配合民政部门妥善安置灾民。

第三十条　公安部门应当加强灾区的治安管理和安全保卫工作,预防和制止各种破坏活动,维护社会治安,保证抢险救灾工作顺利进行,尽快恢复社会秩序。

第三十一条　石油、化工、水利、电力、建设等部门和单位以及危险品生产、储运等单位,应当按照各自的职责,对可能发生或者已经发生次生灾害的地点和设施采取紧急处置措施,并加强监视、控制,防止灾害扩展。

公安消防机构应当严密监视灾区火灾的发生;出现火灾时,应当组织力量抢救人员和物资,并采取有效防范措施,防止火势扩大、蔓延。

第三十二条　广播电台、电视台等新闻单位应当根据抗震救灾指挥部提供的情况,按照规定及时向公众发布震情、灾情等有关信息,并做好宣传、报道工作。

第三十三条　抗震救灾指挥部可以请求非灾区的人民政府接受并妥善安置灾民和提供其他救援。

第三十四条　破坏性地震发生后,国内非灾区提供的紧急救援,由抗震救灾指挥部负责接受和安排;国际社会提供的紧急救援,由国务院民政部门负责接受和安排;国外红十字会和国际社会通过中国红十字会提供的紧急救援,由中国红十字会负责接受和安排。

第三十五条　因严重破坏性地震应急的需要,可以在灾区实行特别管制措施。省、自治区、直辖市行政区域内的特别管制措施,由省、自治区、直辖市人民政府决定;跨省、自治区、直辖市的特别管制措施,由有关省、自治区、直辖市人民政府共同决定或者由国务院决定;中断干线交通或者封锁国境的特别管制措施,由国务院决定。

特别管制措施的解除,由原决定机关宣布。

第六章 奖励和处罚

第三十六条 在破坏性地震应急活动中有下列事迹之一的,由其所在单位、上级机关或者防震减灾工作主管部门给予表彰或者奖励:

(一)出色完成破坏性地震应急任务的;

(二)保护国家、集体和公民的财产或者抢救人员有功的;

(三)及时排除险情,防止灾害扩大,成绩显著的;

(四)对地震应急工作提出重大建议,实施效果显著的;

(五)因震情、灾情测报准确和信息传递及时而减轻灾害损失的;

(六)及时供应用于应急救灾的物资和工具或者节约经费开支,成绩显著的;

(七)有其他特殊贡献的。

第三十七条 有下列行为之一的,对负有直接责任的主管人员和其他直接责任人员依法给予行政处分;属于违反治安管理行为的,依照治安管理处罚法的规定给予处罚;构成犯罪的,依法追究刑事责任:

(一)不按照本条例规定制定破坏性地震应急预案的;

(二)不按照破坏性地震应急预案的规定和抗震救灾指挥部的要求实施破坏性地震应急预案的;

(三)违抗抗震救灾指挥部命令,拒不承担地震应急任务的;

(四)阻挠抗震救灾指挥部紧急调用物资、人员或者占用场地的;

(五)贪污、挪用、盗窃地震应急工作经费或者物资的;

(六)有特定责任的国家工作人员在临震应急期或者震后应急期

不坚守岗位,不及时掌握震情、灾情,临阵脱逃或者玩忽职守的;

(七)在临震应急期或者震后应急期哄抢国家、集体或者公民的财产的;

(八)阻碍抗震救灾人员执行职务或者进行破坏活动的;

(九)不按照规定和实际情况报告灾情的;

(十)散布谣言,扰乱社会秩序,影响破坏性地震应急工作的;

(十一)有对破坏性地震应急工作造成危害的其他行为的。

第七章 附 则

第三十八条 本条例下列用语的含义:

(一)"地震应急",是指为了减轻地震灾害而采取的不同于正常工作程序的紧急防灾和抢险行动;

(二)"破坏性地震",是指造成一定数量的人员伤亡和经济损失的地震事件;

(三)"严重破坏性地震",是指造成严重的人员伤亡和经济损失,使灾区丧失或者部分丧失自我恢复能力,需要国家采取对抗行动的地震事件;

(四)"生命线工程",是指对社会生活、生产有重大影响的交通、通信、供水、排水、供电、供气、输油等工程系统;

(五)"次生灾害源",是指因地震而可能引发水灾、火灾、爆炸等灾害的易燃易爆物品、有毒物质贮存设施、水坝、堤岸等。

第三十九条 本条例自1995年4月1日起施行。

国家突发公共事件总体应急预案

(2006年1月8日国务院发布施行)

1 总 则

1.1 编制目的

提高政府保障公共安全和处置突发公共事件的能力,最大程度地预防和减少突发公共事件及其造成的损害,保障公众的生命财产安全,维护国家安全和社会稳定,促进经济社会全面、协调、可持续发展。

1.2 编制依据

依据宪法及有关法律、行政法规,制定本预案。

1.3 分类分级

本预案所称突发公共事件是指突然发生,造成或者可能造成重大人员伤亡、财产损失、生态环境破坏和严重社会危害,危及公共安全的紧急事件。

根据突发公共事件的发生过程、性质和机理,突发公共事件主要分为以下四类:

(1)自然灾害。主要包括水旱灾害,气象灾害,地震灾害,地质灾害,海洋灾害,生物灾害和森林草原火灾等。

(2)事故灾难。主要包括工矿商贸等企业的各类安全事故,交通运输事故,公共设施和设备事故,环境污染和生态破坏事件等。

(3)公共卫生事件。主要包括传染病疫情,群体性不明原因疾病,食品安全和职业危害,动物疫情,以及其他严重影响公众健康和生命安全的事件。

(4)社会安全事件。主要包括恐怖袭击事件,经济安全事件和涉外突发事件等。

各类突发公共事件按照其性质、严重程度、可控性和影响范围等因素,一般分为四级:Ⅰ级(特别重大)、Ⅱ级(重大)、Ⅲ级(较大)和Ⅳ级(一般)。

1.4 适用范围

本预案适用于涉及跨省级行政区划的,或超出事发地省级人民政府处置能力的特别重大突发公共事件应对工作。

本预案指导全国的突发公共事件应对工作。

1.5 工作原则

(1)以人为本,减少危害。切实履行政府的社会管理和公共服务职能,把保障公众健康和生命财产安全作为首要任务,最大程度地减少突发公共事件及其造成的人员伤亡和危害。

(2)居安思危,预防为主。高度重视公共安全工作,常抓不懈,防患于未然。增强忧患意识,坚持预防与应急相结合,常态与非常态相结合,做好应对突发公共事件的各项准备工作。

(3)统一领导,分级负责。在党中央、国务院的统一领导下,建立健全分类管理、分级负责,条块结合、属地管理为主的应急管理体制,在各级党委领导下,实行行政领导责任制,充分发挥专业应急指挥机构的作用。

(4)依法规范,加强管理。依据有关法律和行政法规,加强应急管理,维护公众的合法权益,使应对突发公共事件的工作规范化、制度化、法制化。

(5)快速反应,协同应对。加强以属地管理为主的应急处置队伍建设,建立联动协调制度,充分动员和发挥乡镇、社区、企事业单位、社会团体和志愿者队伍的作用,依靠公众力量,形成统一指挥、反应灵敏、功能齐全、协调有序、运转高效的应急管理机制。

（6）依靠科技，提高素质。加强公共安全科学研究和技术开发，采用先进的监测、预测、预警、预防和应急处置技术及设施，充分发挥专家队伍和专业人员的作用，提高应对突发公共事件的科技水平和指挥能力，避免发生次生、衍生事件；加强宣传和培训教育工作，提高公众自救、互救和应对各类突发公共事件的综合素质。

1.6 应急预案体系

全国突发公共事件应急预案体系包括：

（1）突发公共事件总体应急预案。总体应急预案是全国应急预案体系的总纲，是国务院应对特别重大突发公共事件的规范性文件。

（2）突发公共事件专项应急预案。专项应急预案主要是国务院及其有关部门为应对某一类型或某几种类型突发公共事件而制定的应急预案。

（3）突发公共事件部门应急预案。部门应急预案是国务院有关部门根据总体应急预案、专项应急预案和部门职责为应对突发公共事件制定的预案。

（4）突发公共事件地方应急预案。具体包括：省级人民政府的突发公共事件总体应急预案、专项应急预案和部门应急预案；各市（地）、县（市）人民政府及其基层政权组织的突发公共事件应急预案。上述预案在省级人民政府的领导下，按照分类管理、分级负责的原则，由地方人民政府及其有关部门分别制定。

（5）企事业单位根据有关法律法规制定的应急预案。

（6）举办大型会展和文化体育等重大活动，主办单位应当制定应急预案。

各类预案将根据实际情况变化不断补充、完善。

2 组织体系

2.1 领导机构

国务院是突发公共事件应急管理工作的最高行政领导机构。在国务院总理领导下,由国务院常务会议和国家相关突发公共事件应急指挥机构(以下简称相关应急指挥机构)负责突发公共事件的应急管理工作;必要时,派出国务院工作组指导有关工作。

2.2 办事机构

国务院办公厅设国务院应急管理办公室,履行值守应急、信息汇总和综合协调职责,发挥运转枢纽作用。

2.3 工作机构

国务院有关部门依据有关法律、行政法规和各自的职责,负责相关类别突发公共事件的应急管理工作。具体负责相关类别的突发公共事件专项和部门应急预案的起草与实施,贯彻落实国务院有关决定事项。

2.4 地方机构

地方各级人民政府是本行政区域突发公共事件应急管理工作的行政领导机构,负责本行政区域各类突发公共事件的应对工作。

2.5 专家组

国务院和各应急管理机构建立各类专业人才库,可以根据实际需要聘请有关专家组成专家组,为应急管理提供决策建议,必要时参加突发公共事件的应急处置工作。

3 运 行 机 制

3.1 预测与预警

各地区、各部门要针对各种可能发生的突发公共事件,完善预测预警机制,建立预测预警系统,开展风险分析,做到早发现、早报告、早处置。

3.1.1 预警级别和发布

根据预测分析结果,对可能发生和可以预警的突发公共事件进行预警。预警级别依据突发公共事件可能造成的危害程度、紧急程度和发展态势,一般划分为四级:Ⅰ级(特别严重)、Ⅱ级(严重)、Ⅲ级

(较重)和Ⅳ级(一般),依次用红色、橙色、黄色和蓝色表示。

预警信息包括突发公共事件的类别、预警级别、起始时间、可能影响范围、警示事项、应采取的措施和发布机关等。

预警信息的发布、调整和解除可通过广播、电视、报刊、通信、信息网络、警报器、宣传车或组织人员逐户通知等方式进行,对老、幼、病、残、孕等特殊人群以及学校等特殊场所和警报盲区应当采取有针对性的公告方式。

3.2 应急处置

3.2.1 信息报告

特别重大或者重大突发公共事件发生后,各地区、各部门要立即报告,最迟不得超过4小时,同时通报有关地区和部门。应急处置过程中,要及时续报有关情况。

3.2.2 先期处置

突发公共事件发生后,事发地的省级人民政府或者国务院有关部门在报告特别重大、重大突发公共事件信息的同时,要根据职责和规定的权限启动相关应急预案,及时、有效地进行处置,控制事态。

在境外发生涉及中国公民和机构的突发事件,我驻外使领馆、国务院有关部门和有关地方人民政府要采取措施控制事态发展,组织开展应急救援工作。

3.2.3 应急响应

对于先期处置未能有效控制事态的特别重大突发公共事件,要及时启动相关预案,由国务院相关应急指挥机构或国务院工作组统一指挥或指导有关地区、部门开展处置工作。

现场应急指挥机构负责现场的应急处置工作。

需要多个国务院相关部门共同参与处置的突发公共事件,由该类突发公共事件的业务主管部门牵头,其他部门予以协助。

3.2.4 应急结束

特别重大突发公共事件应急处置工作结束,或者相关危险因素消除后,现场应急指挥机构予以撤销。

3.3 恢复与重建

3.3.1 善后处置

要积极稳妥、深入细致地做好善后处置工作。对突发公共事件中的伤亡人员、应急处置工作人员，以及紧急调集、征用有关单位及个人的物资，要按照规定给予抚恤、补助或补偿，并提供心理及司法援助。有关部门要做好疫病防治和环境污染消除工作。保险监管机构督促有关保险机构及时做好有关单位和个人损失的理赔工作。

3.3.2 调查与评估

要对特别重大突发公共事件的起因、性质、影响、责任、经验教训和恢复重建等问题进行调查评估。

3.3.3 恢复重建

根据受灾地区恢复重建计划组织实施恢复重建工作。

3.4 信息发布

突发公共事件的信息发布应当及时、准确、客观、全面。事件发生的第一时间要向社会发布简要信息，随后发布初步核实情况、政府应对措施和公众防范措施等，并根据事件处置情况做好后续发布工作。

信息发布形式主要包括授权发布、散发新闻稿、组织报道、接受记者采访、举行新闻发布会等。

4 应急保障

各有关部门要按照职责分工和相关预案做好突发公共事件的应对工作，同时根据总体预案切实做好应对突发公共事件的人力、物力、财力、交通运输、医疗卫生及通信保障等工作，保证应急救援工作的需要和灾区群众的基本生活，以及恢复重建工作的顺利进行。

4.1 人力资源

公安（消防）、医疗卫生、地震救援、海上搜救、矿山救护、森林消防、防洪抢险、核与辐射、环境监控、危险化学品事故救援、铁路事故、民航事故、基础信息网络和重要信息系统事故处置,以及水、电、油、气等工程抢险救援队伍是应急救援的专业队伍和骨干力量。地方各级人民政府和有关部门、单位要加强应急救援队伍的业务培训和应急演练,建立联动协调机制,提高装备水平;动员社会团体、企事业单位以及志愿者等各种社会力量参与应急救援工作;增进国际间的交流与合作。要加强以乡镇和社区为单位的公众应急能力建设,发挥其在应对突发公共事件中的重要作用。

中国人民解放军和中国人民武装警察部队是处置突发公共事件的骨干和突击力量,按照有关规定参加应急处置工作。

4.2 财力保障

要保证所需突发公共事件应急准备和救援工作资金。对受突发公共事件影响较大的行业、企事业单位和个人要及时研究提出相应的补偿或救助政策。要对突发公共事件财政应急保障资金的使用和效果进行监管和评估。

鼓励自然人、法人或者其他组织(包括国际组织)按照《中华人民共和国公益事业捐赠法》等有关法律、法规的规定进行捐赠和援助。

4.3 物资保障

要建立健全应急物资监测网络、预警体系和应急物资生产、储备、调拨及紧急配送体系,完善应急工作程序,确保应急所需物资和生活用品的及时供应,并加强对物资储备的监督管理,及时予以补充和更新。

地方各级人民政府应根据有关法律、法规和应急预案的规定,做好物资储备工作。

4.4 基本生活保障

要做好受灾群众的基本生活保障工作,确保灾区群众有饭吃、有水喝、有衣穿、有住处、有病能得到及时医治。

4.5 医疗卫生保障

卫生部门负责组建医疗卫生应急专业技术队伍,根据需要及时赴现场开展医疗救治、疾病预防控制等卫生应急工作。及时为受灾地区提供药品、器械等卫生和医疗设备。必要时,组织动员红十字会等社会卫生力量参与医疗卫生救助工作。

4.6 交通运输保障

要保证紧急情况下应急交通工具的优先安排、优先调度、优先放行,确保运输安全畅通;要依法建立紧急情况社会交通运输工具的征用程序,确保抢险救灾物资和人员能够及时、安全送达。

根据应急处置需要,对现场及相关通道实行交通管制,开设应急救援"绿色通道",保证应急救援工作的顺利开展。

4.7 治安维护

要加强对重点地区、重点场所、重点人群、重要物资和设备的安全保护,依法严厉打击违法犯罪活动。必要时,依法采取有效管制措施,控制事态,维护社会秩序。

4.8 人员防护

要指定或建立与人口密度、城市规模相适应的应急避险场所,完善紧急疏散管理办法和程序,明确各级责任人,确保在紧急情况下公众安全、有序的转移或疏散。

要采取必要的防护措施,严格按照程序开展应急救援工作,确保人员安全。

4.9 通信保障

建立健全应急通信、应急广播电视保障工作体系,完善公用通信网,建立有线和无线相结合、基础电信网络与机动通信系统相配套的应急通信系统,确保通信畅通。

4.10 公共设施

有关部门要按照职责分工,分别负责煤、电、油、气、水的供给,以及废水、废气、固体废弃物等有害物质的监测和处理。

4.11 科技支撑

要积极开展公共安全领域的科学研究;加大公共安全监测、预测、预警、预防和应急处置技术研发的投入,不断改进技术装备,建立健全公共安全应急技术平台,提高我国公共安全科技水平;注意发挥企业在公共安全领域的研发作用。

5　监督管理

5.1　预案演练

各地区、各部门要结合实际,有计划、有重点地组织有关部门对相关预案进行演练。

5.2　宣传和培训

宣传、教育、文化、广电、新闻出版等有关部门要通过图书、报刊、音像制品和电子出版物、广播、电视、网络等,广泛宣传应急法律法规和预防、避险、自救、互救、减灾等常识,增强公众的忧患意识、社会责任意识和自救、互救能力。各有关方面要有计划地对应急救援和管理人员进行培训,提高其专业技能。

5.3　责任与奖惩

突发公共事件应急处置工作实行责任追究制。

对突发公共事件应急管理工作中做出突出贡献的先进集体和个人要给予表彰和奖励。

对迟报、谎报、瞒报和漏报突发公共事件重要情况或者应急管理工作中有其他失职、渎职行为的,依法对有关责任人给予行政处分;构成犯罪的,依法追究刑事责任。

6　附　　则

6.1　预案管理

根据实际情况的变化,及时修订本预案。

本预案自发布之日起实施。

突发事件应急预案管理办法

(2024年1月31日　国办发〔2024〕5号)

第一章　总　　则

第一条　为加强突发事件应急预案(以下简称应急预案)体系建设,规范应急预案管理,增强应急预案的针对性、实用性和可操作性,依据《中华人民共和国突发事件应对法》等法律、行政法规,制定本办法。

第二条　本办法所称应急预案,是指各级人民政府及其部门、基层组织、企事业单位和社会组织等为依法、迅速、科学、有序应对突发事件,最大程度减少突发事件及其造成的损害而预先制定的方案。

第三条　应急预案的规划、编制、审批、发布、备案、培训、宣传、演练、评估、修订等工作,适用本办法。

第四条　应急预案管理遵循统一规划、综合协调、分类指导、分级负责、动态管理的原则。

第五条　国务院统一领导全国应急预案体系建设和管理工作,县级以上地方人民政府负责领导本行政区域内应急预案体系建设和管理工作。

突发事件应对有关部门在各自职责范围内,负责本部门(行业、领域)应急预案管理工作;县级以上人民政府应急管理部门负责指导应急预案管理工作,综合协调应急预案衔接工作。

第六条 国务院应急管理部门统筹协调各地区各部门应急预案数据库管理,推动实现应急预案数据共享共用。各地区各部门负责本行政区域、本部门(行业、领域)应急预案数据管理。

县级以上人民政府及其有关部门要注重运用信息化数字化智能化技术,推进应急预案管理理念、模式、手段、方法等创新,充分发挥应急预案牵引应急准备、指导处置救援的作用。

第二章 分类与内容

第七条 按照制定主体划分,应急预案分为政府及其部门应急预案、单位和基层组织应急预案两大类。

政府及其部门应急预案包括总体应急预案、专项应急预案、部门应急预案等。

单位和基层组织应急预案包括企事业单位、村民委员会、居民委员会、社会组织等编制的应急预案。

第八条 总体应急预案是人民政府组织应对突发事件的总体制度安排。

总体应急预案围绕突发事件事前、事中、事后全过程,主要明确应对工作的总体要求、事件分类分级、预案体系构成、组织指挥体系与职责,以及风险防控、监测预警、处置救援、应急保障、恢复重建、预案管理等内容。

第九条 专项应急预案是人民政府为应对某一类型或某几种类型突发事件,或者针对重要目标保护、重大活动保障、应急保障等重要专项工作而预先制定的涉及多个部门职责的方案。

部门应急预案是人民政府有关部门根据总体应急预案、专项应急预案和部门职责,为应对本部门(行业、领域)突发事件,或者针对重要目标保护、重大活动保障、应急保障等涉及部门工作而预先制定的方案。

第十条 针对突发事件应对的专项和部门应急预案,主要规定县级以上人民政府或有关部门相关突发事件应对工作的组织指挥体系和专项工作安排,不同层级预案内容各有侧重,涉及相邻或相关地方人民政府、部门、单位任务的应当沟通一致后明确。

国家层面专项和部门应急预案侧重明确突发事件的应对原则、组织指挥机制、预警分级和事件分级标准、响应分级、信息报告要求、应急保障措施等,重点规范国家层面应对行动,同时体现政策性和指导性。

省级专项和部门应急预案侧重明确突发事件的组织指挥机制、监测预警、分级响应及响应行动、队伍物资保障及市县级人民政府职责等,重点规范省级层面应对行动,同时体现指导性和实用性。

市县级专项和部门应急预案侧重明确突发事件的组织指挥机制、风险管控、监测预警、信息报告、组织自救互救、应急处置措施、现场管控、队伍物资保障等内容,重点规范市(地)级和县级层面应对行动,落实相关任务,细化工作流程,体现应急处置的主体职责和针对性、可操作性。

第十一条 为突发事件应对工作提供通信、交通运输、医学救援、物资装备、能源、资金以及新闻宣传、秩序维护、慈善捐赠、灾害救助等保障功能的专项和部门应急预案侧重明确组织指挥机制、主要任务、资源布局、资源调用或应急响应程序、具体措施等内容。

针对重要基础设施、生命线工程等重要目标保护的专项和部门应急预案,侧重明确关键功能和部位、风险隐患及防范措施、监测预警、信息报告、应急处置和紧急恢复、应急联动等内容。

第十二条 重大活动主办或承办机构应当结合实际情况组织编制重大活动保障应急预案,侧重明确组织指挥体系、主要任务、安全风险及防范措施、应急联动、监测预警、信息报告、应急处置、人员疏散撤离组织和路线等内容。

第十三条 相邻或相关地方人民政府及其有关部门可以联合制定应对区域性、流域性突发事件的联合应急预案,侧重明确地方人民政府及其部门间信息通报、组织指挥体系对接、处置措施衔接、应急资源保障等内容。

第十四条 国家有关部门和超大特大城市人民政府可以结合行业(地区)风险评估实际,制定巨灾应急预案,统筹本部门(行业、领域)、本地区巨灾应对工作。

第十五条 乡镇(街道)应急预案重点规范乡镇(街道)层面应对行动,侧重明确突发事件的预警信息传播、任务分工、处置措施、信息收集报告、现场管理、人员疏散与安置等内容。

村(社区)应急预案侧重明确风险点位、应急响应责任人、预警信息传播与响应、人员转移避险、应急处置措施、应急资源调用等内容。

乡镇(街道)、村(社区)应急预案的形式、要素和内容等,可结合实际灵活确定,力求简明实用,突出人员转移避险,体现先期处置特点。

第十六条 单位应急预案侧重明确应急响应责任人、风险隐患监测、主要任务、信息报告、预警和应急响应、应急处置措施、人员疏散转移、应急资源调用等内容。

大型企业集团可根据相关标准规范和实际工作需要,建立本集团应急预案体系。

安全风险单一、危险性小的生产经营单位,可结合实际简化应急预案要素和内容。

第十七条 应急预案涉及的有关部门、单位等可以结合实际编制应急工作手册,内容一般包括应急响应措施、处置工作程序、应急救援队伍、物资装备、联络人员和电话等。

应急救援队伍、保障力量等应当结合实际情况,针对需要参与突发事件应对的具体任务编制行动方案,侧重明确应急响应、指挥协同、力量编成、行动设想、综合保障、其他有关措施等具体内容。

第三章 规划与编制

第十八条 国务院应急管理部门会同有关部门编制应急预案制

修订工作计划,报国务院批准后实施。县级以上地方人民政府应急管理部门应当会同有关部门,针对本行政区域多发易发突发事件、主要风险等,编制本行政区域应急预案制修订工作计划,报本级人民政府批准后实施,并抄送上一级人民政府应急管理部门。

县级以上人民政府有关部门可以结合实际制定本部门(行业、领域)应急预案编制计划,并抄送同级应急管理部门。县级以上地方人民政府有关部门应急预案编制计划同时抄送上一级相应部门。

应急预案编制计划应当根据国民经济和社会发展规划、突发事件应对工作实际,适时予以调整。

第十九条 县级以上人民政府总体应急预案由本级人民政府应急管理部门组织编制,专项应急预案由本级人民政府相关类别突发事件应对牵头部门组织编制。县级以上人民政府部门应急预案,乡级人民政府、单位和基层组织等应急预案由有关制定单位组织编制。

第二十条 应急预案编制部门和单位根据需要组成应急预案编制工作小组,吸收有关部门和单位人员、有关专家及有应急处置工作经验的人员参加。编制工作小组组长由应急预案编制部门或单位有关负责人担任。

第二十一条 编制应急预案应当依据有关法律、法规、规章和标准,紧密结合实际,在开展风险评估、资源调查、案例分析的基础上进行。

风险评估主要是识别突发事件风险及其可能产生的后果和次生(衍生)灾害事件,评估可能造成的危害程度和影响范围等。

资源调查主要是全面调查本地区、本单位应对突发事件可用的应急救援队伍、物资装备、场所和通过改造可以利用的应急资源状况,合作区域内可以请求援助的应急资源状况,重要基础设施容灾保障及备用状况,以及可以通过潜力转换提供应急资源的状况,为制定应急响应措施提供依据。必要时,也可根据突发事件应对需要,对本地区相关单位和居民所掌握的应急资源情况进行调查。

案例分析主要是对典型突发事件的发生演化规律、造成的后果和处置救援等情况进行复盘研究,必要时构建突发事件情景,总结经验教训,明确应对流程、职责任务和应对措施,为制定应急预案提供参考借鉴。

第二十二条　政府及其有关部门在应急预案编制过程中,应当广泛听取意见,组织专家论证,做好与相关应急预案及国防动员实施预案的衔接。涉及其他单位职责的,应当书面征求意见。必要时,向社会公开征求意见。

单位和基层组织在应急预案编制过程中,应根据法律法规要求或实际需要,征求相关公民、法人或其他组织的意见。

第四章　审批、发布、备案

第二十三条　应急预案编制工作小组或牵头单位应当将应急预案送审稿、征求意见情况、编制说明等有关材料报送应急预案审批单位。因保密等原因需要发布应急预案简本的,应当将应急预案简本一并报送审批。

第二十四条　应急预案审核内容主要包括:

(一)预案是否符合有关法律、法规、规章和标准等规定;

(二)预案是否符合上位预案要求并与有关预案有效衔接;

(三)框架结构是否清晰合理,主体内容是否完备;

(四)组织指挥体系与责任分工是否合理明确,应急响应级别设计是否合理,应对措施是否具体简明、管用可行;

(五)各方面意见是否一致;

(六)其他需要审核的内容。

第二十五条　国家总体应急预案按程序报党中央、国务院审批,以党中央、国务院名义印发。专项应急预案由预案编制牵头部门送应急管理部衔接协调后,报国务院审批,以国务院办公厅或者有关应急指挥机构名义印发。部门应急预案由部门会议审议决定、以部门名义印发,涉及其他部门职责的可与有关部门联合印发;必要时,可以由国务院办公厅转发。

地方各级人民政府总体应急预案按程序报本级党委和政府审批，以本级党委和政府名义印发。专项应急预案按程序送本级应急管理部门衔接协调，报本级人民政府审批，以本级人民政府办公厅（室）或者有关应急指挥机构名义印发。部门应急预案审批印发程序按照本级人民政府和上级有关部门的应急预案管理规定执行。

重大活动保障应急预案、巨灾应急预案由本级人民政府或其部门审批，跨行政区域联合应急预案审批由相关人民政府或其授权的部门协商确定，并参照专项应急预案或部门应急预案管理。

单位和基层组织应急预案须经本单位或基层组织主要负责人签发，以本单位或基层组织名义印发，审批方式根据所在地人民政府及有关行业管理部门规定和实际情况确定。

第二十六条 应急预案审批单位应当在应急预案印发后的20个工作日内，将应急预案正式印发文本（含电子文本）及编制说明，依照下列规定向有关单位备案并抄送有关部门：

（一）县级以上地方人民政府总体应急预案报上一级人民政府备案，径送上一级人民政府应急管理部门，同时抄送上一级人民政府有关部门；

（二）县级以上地方人民政府专项应急预案报上一级人民政府相应牵头部门备案，同时抄送上一级人民政府应急管理部门和有关部门；

（三）部门应急预案报本级人民政府备案，径送本级应急管理部门，同时抄送本级有关部门；

（四）联合应急预案按所涉及区域，依据专项应急预案或部门应急预案有关规定备案，同时抄送本地区上一级或共同上一级人民政府应急管理部门和有关部门；

（五）涉及需要与所在地人民政府联合应急处置的中央单位应急预案，应当报所在地县级人民政府备案，同时抄送本级应急管理部门和突发事件应对牵头部门；

（六）乡镇（街道）应急预案报上一级人民政府备案，径送上一级人民政府应急管理部门，同时抄送上一级人民政府有关部门。村（社区）应急预案报乡镇（街道）备案；

（七）中央企业集团总体应急预案报应急管理部备案，抄送企业主管机构、行业主管部门、监管部门；有关专项应急预案向国家突发事件应对牵头部门备案，抄送应急管理部、企业主管机构、行业主管部门、监管部门等有关单位。中央企业集团所属单位、权属企业的总体应急预案按管理权限报所在地人民政府应急管理部门备案，抄送企业主管机构、行业主管部门、监管部门；专项应急预案按管理权限报所在地行业监管部门备案，抄送应急管理部门和有关企业主管机构、行业主管部门。

第二十七条　国务院履行应急预案备案管理职责的部门和省级人民政府应当建立应急预案备案管理制度。县级以上地方人民政府有关部门落实有关规定，指导、督促有关单位做好应急预案备案工作。

第二十八条　政府及其部门应急预案应当在正式印发后 20 个工作日内向社会公开。单位和基层组织应急预案应当在正式印发后 20 个工作日内向本单位以及可能受影响的其他单位和地区公开。

第五章　培训、宣传、演练

第二十九条　应急预案发布后，其编制单位应做好组织实施和解读工作，并跟踪应急预案落实情况，了解有关方面和社会公众的意见建议。

第三十条　应急预案编制单位应当通过编发培训材料、举办培训班、开展工作研讨等方式，对与应急预案实施密切相关的管理人员、专业救援人员等进行培训。

各级人民政府及其有关部门应将应急预案培训作为有关业务培训的重要内容，纳入领导干部、公务员等日常培训内容。

第三十一条　对需要公众广泛参与的非涉密的应急预案,编制单位应当充分利用互联网、广播、电视、报刊等多种媒体广泛宣传,制作通俗易懂、好记管用的宣传普及材料,向公众免费发放。

第三十二条　应急预案编制单位应当建立应急预案演练制度,通过采取形式多样的方式方法,对应急预案所涉及的单位、人员、装备、设施等组织演练。通过演练发现问题、解决问题,进一步修改完善应急预案。

专项应急预案、部门应急预案每3年至少进行一次演练。

地震、台风、风暴潮、洪涝、山洪、滑坡、泥石流、森林草原火灾等自然灾害易发区域所在地人民政府,重要基础设施和城市供水、供电、供气、供油、供热等生命线工程经营管理单位,矿山、金属冶炼、建筑施工单位和易燃易爆物品、化学品、放射性物品等危险物品生产、经营、使用、储存、运输、废弃处置单位,公共交通工具、公共场所和医院、学校等人员密集场所的经营单位或者管理单位等,应当有针对性地组织开展应急预案演练。

第三十三条　应急预案演练组织单位应当加强演练评估,主要内容包括:演练的执行情况,应急预案的实用性和可操作性,指挥协调和应急联动机制运行情况,应急人员的处置情况,演练所用设备装备的适用性,对完善应急预案、应急准备、应急机制、应急措施等方面的意见和建议等。

各地区各有关部门加强对本行政区域、本部门(行业、领域)应急预案演练的评估指导。根据需要,应急管理部门会同有关部门组织对下级人民政府及其有关部门组织的应急预案演练情况进行评估指导。

鼓励委托第三方专业机构进行应急预案演练评估。

第六章　评估与修订

第三十四条　应急预案编制单位应当建立应急预案定期评估制

度,分析应急预案内容的针对性、实用性和可操作性等,实现应急预案的动态优化和科学规范管理。

县级以上地方人民政府及其有关部门应急预案原则上每 3 年评估一次。应急预案的评估工作,可以委托第三方专业机构组织实施。

第三十五条 有下列情形之一的,应当及时修订应急预案:

(一)有关法律、法规、规章、标准、上位预案中的有关规定发生重大变化的;

(二)应急指挥机构及其职责发生重大调整的;

(三)面临的风险发生重大变化的;

(四)重要应急资源发生重大变化的;

(五)在突发事件实际应对和应急演练中发现问题需要作出重大调整的;

(六)应急预案制定单位认为应当修订的其他情况。

第三十六条 应急预案修订涉及组织指挥体系与职责、应急处置程序、主要处置措施、突发事件分级标准等重要内容的,修订工作应参照本办法规定的应急预案编制、审批、备案、发布程序组织进行。仅涉及其他内容的,修订程序可根据情况适当简化。

第三十七条 各级人民政府及其部门、企事业单位、社会组织、公民等,可以向有关应急预案编制单位提出修订建议。

第七章 保障措施

第三十八条 各级人民政府及其有关部门、各有关单位要指定专门机构和人员负责相关具体工作,将应急预案规划、编制、审批、发布、备案、培训、宣传、演练、评估、修订等所需经费纳入预算统筹安排。

第三十九条 国务院有关部门应加强对本部门(行业、领域)应急预案管理工作的指导和监督,并根据需要编写应急预案编制指南。县级以上地方人民政府及其有关部门应对本行政区域、本部门(行业、领域)应急预案管理工作加强指导和监督。

第八章 附 则

第四十条 国务院有关部门、地方各级人民政府及其有关部门、大型企业集团等可根据实际情况,制定相关应急预案管理实施办法。

第四十一条 法律、法规、规章另有规定的从其规定,确需保密的应急预案按有关规定执行。

第四十二条 本办法由国务院应急管理部门负责解释。

第四十三条 本办法自印发之日起施行。